MW00773655
PUBLISHERS SINCE 1824

herencia e identidad:

historia, principios, y prácticas bautistas

ÁNGEL LUIS GUTIÉRREZ

Miriam Z. Gutiérrez y Juan Ángel Gutiérrez-Rodríguez, editores

prefacio por José Norat-Rodríguez

Herencia e identidad: Historia, principios, y prácticeS bautistas

The author and editors have made every effort to trace the ownership of all quotes. In the event of a question arising from the use of a quote, we regret any error made and will be pleased to make the necessary correction in future printings and editions of this book.

Library of Congress Cataloging-in-Publication Data
Gutiérrez, Angel Luis. Herencia e identidad bautistas: historia, principios, y practices/Angel Luis Gutiérrez, Miriam Z. Gutiérrez y Juan Angel Gutiérrez Rodriguez. —1st ed. p. cm. Includes bibliographical references.

ISBN 978-0-8170-1557-2 (pbk.: alk. paper) 1. Baptists. I. Gutierrez, Miriam Z. II. Gutiérrez Rodriguez, Juan Angel. III. Title.
BX6331.3.G88 2009
286—dc22 2009009977

Printed in the U.S.A.
First Edition, 2009.

dedicatoria

Dedicamos este libro a

Iglesias Bautistas de Puerto Rico

Federación de Asociaciones Bautistas de Costa Rica

Convención Bautista de Nicaragua

A todos los estudiantes del Seminario
Evangélico de Puerto Rico, quienes nos han permitido
transmitirles nuestra pasión por la historia
y por nuestra querida denominación.

Para la gloria de Dios y la edificación
de su pueblo bautista.

contenido

presentación

Una memoria forjadora

Escuché acerca del autor de este libro, el Rvdo. Dr. Ángel Luis Gutiérrez, en las conversaciones que tuve con mi padre, José Norat Martínez, y mi madre, Julia Rodríguez Colón. Ambos lo conocieron en Cayey. Me hablaron en muchas ocasiones de su trayectoria personal, realizada con tenacidad y perseverancia. También me contaron sobre la fidelidad absoluta del autor al llamado que Dios le hizo para servirle en el ministerio pastoral. Me resulta hoy muy claro que, por medio de estas atinadas conversaciones, mi padre y mi madre se ocuparon de forjarme en la importancia de asumir sacrificios en la vida y en la relevancia del pastorado, y de señalarme concretamente un modelo pastoral que debería tomar muy en cuenta a la hora de desbrozar mi propio camino en la vida. Por eso podría decir, sin temor a equivocarme, que antes de conocer personalmente a Ángel Luis Gutiérrez, ya él me había hablado en cuanto a mi vocación más profunda, el pastorado, y además, lo había escogido como el modelo pastoral preferido.

Cuando entré al ministerio pastoral y comencé mis estudios en el Seminario Evangélico de Puerto Rico, nuestro autor era en aquel entonces el Secretario Ejecutivo (hoy Ministro Ejecutivo) de la Convención Bautista de Puerto Rico (ahora Iglesias Bautistas de Puerto Rico). Al aquilatar ese momento histórico, a principios de la década del setenta, sostengo firmemente que su aportación más importante a la obra bautista fue transformar ese ministerio ejecutivo, determinado mayormente por arduos pormenores administrativos, en uno dirigido desde y hacia el pastorado. Era menester atender bien al cuerpo pastoral que ya estaba trabajando en la denominación, como así también identificar y estimular a los futuros pastores y pastoras en el centro mismo de las iglesias.

Así entendió nuestro autor el ministerio que Dios le concedió como líder denominacional, después de pastorados muy destacados: como el *pastor de pastores*. La opción tomada por Ángel Luis Gutiérrez me benefició cabalmente, pues me formé bajo su cuidado pastoral y pude corroborar de muchas formas las palabras que me dijeron sobre él mis progenitores y otras personas que compartieron aquellos momentos forjadores de mi vida. Indudablemente, el pastorado que surgió en esa época tuvo la gran bendición de tener la influencia directa e iluminadora de lo que he llamado, en otras ocasiones, la escuela pastoral de Gutiérrez.

Cuando planteé este entendimiento en un círculo pastoral, el autor me hizo saber que era necesario ir a los orígenes. Indudablemente, la escuela pastoral de Gutiérrez nace y se nutre de la escuela de Landrón, aquel pastor prominente de la Primera Iglesia Bautista de Cayey y de la obra bautista quc lo inspiró y preparó para el llamado al ministerio pastoral. Sin embargo, aunque no quiero de modo alguno minimizar este origen ni tampoco restarle la importancia que tuvo en su formación, debo afirmar que la riqueza de la escuela pastoral de Gutiérrez trasciende en mucho esas raíces. Ángel Luis Gutiérrez bebió, además, de otras fuentes procedentes de la cultura puertorriqueña y del pensamiento universal que lo hicieron avanzar y desarrollar su propia escuela pastoral.

De hecho, este libro que presento al lector, *Herencia e identidad: historia, principios y prácticas bautistas*, constituye una prueba contundente de lo que he querido establecer con el planteamiento anterior. Es decir, nuestro autor pensó la pastoral desde una dimensión muy original y creativa. Se trata de pensarla y actualizarla a partir de la historia bautista. De modo que la pastoral legada por Ángel Luis Gutiérrez, entre otras cosas, tiene como objeto fundamental proponer un camino frente al complicado tema de la identidad bautista. Nuestro autor no lo pasó por alto, sino que entendió que era pertinente y lo abordó de manera decidida y frontal. Sabía muy bien que la obra bautista ha vivido cambios profundos y vertiginosos, y que si la pastoral y el laicado bautistas no son capaces de entender bien el origen y desarrollo de su identidad para luego actualizarla, esta identidad podría diluirse entre las nuevas modas de nuestro tiempo.

Aunque Ángel Luis Gutiérrez delimitó el alcance de su obra a lo que ya he dicho, creo que es propio y conveniente afirmar que su esfuerzo por entender y actualizar la identidad bautista intenta abrir un diálogo franco y fructífero con otras iglesias de la comunidad cristiana universal. Dicho de otro modo, nuestro autor no pretendió privilegiar la obra bautista frente a otras comunidades de fe, ni tampoco quiso separarse de estas para evitar las influencias que pudieran darse en la comunicación interdenominacional. Antes bien, su trabajo viene a ser abierto y transparente para que todas las personas que pertenecen a diferentes comunidades de fe tengan la oportunidad de hablar teológica y pastoralmente. En este sentido, este libro podría resultar muy valioso para que otras iglesias entiendan mejor la aportación que ha hecho la obra bautista desde su inicio hasta nuestros días y, por consiguiente, las nuevas maneras de colaboración que pudieran darse en el futuro.

Creo que debo dar otro paso forzado en esta introducción para ser consistente con la pastoral de Gutiérrez. Sostengo que llevó a cabo su pastoral respondiendo a la realidad de la sociedad puertorriqueña y dentro de su marcada interrelación con el mundo. Indudablemente, ser bautista en nuestra patria, Puerto Rico, tiene sus propias peculiaridades al interior de la comunidad de fe, pero también tiene sus maneras de comportarse hacia el exterior. Para nuestro autor, hay que lograr el debido equilibrio entre lo interior y lo exterior, si es que se quiere mantener la vitalidad y la pertinencia de la identidad bautista en medio de la sociedad y la comunidad de fe.

Para mantener ese equilibrio de ser bautista en la sociedad, Ángel Luis Gutiérrez arguye que es menester que asumamos la libertad ofrecida por Jesús y que seamos capaces de llevarla hasta las últimas consecuencias espirituales y sociales dentro del quehacer humano particular y universal. Este equilibrio ofrece a las personas que no se identifican con las iglesias cristianas la oportunidad de ver la obra bautista desde una óptica nueva y, en cierto modo, renovadora. Estoy muy seguro de que cuando esas personas completen la lectura de este libro, entenderán mejor el sitial de la obra bautista en Puerto Rico y en el mundo.

Encuentro muy aleccionadora la manera en que nuestro autor escribió este libro. Me parece que esta es otra de las características de la pastoral de Gutiérrez. Lo escribió en comunidad. No fue un proyecto meramente enmarcado dentro de la soledad del autor y su correspondiente investigación bibliográfica, sino que lo fue articulando mientras ofrecía clases y dictaba conferencias sobre el tema en diferentes seminarios de América Latina, Estados Unidos y Puerto Rico. Nuestro maestro y pastor ciertamente amó tanto este proyecto que lo mantuvo durante toda su vida como un proceso inacabable. Era como una línea que se traza hacia el horizonte y aunque avanza, parece que nunca termina, y tiende entonces a perderse en el infinito.

Considero que Ángel Luis Gutiérrez en el fondo no quería terminar el proyecto porque hubiera sido como perder su amada compañía, vertebrada a lo largo del tiempo en la investigación, la inventiva y el ordenamiento lógico de las ideas; o quizás mejor, hubiera sido como perder su pasión por algo que le había dado sentido singular tanto a su pastoral como a su vida. Eso explica el porqué no nos complació cuando sus colegas en el pastorado le solicitábamos que presentara finalmente su obra maestra sobre los bautistas. Nos decía siempre «Ya llegará a su tiempo». Pues llegó a su tiempo. Y llega a nuestras manos precisamente cuando el escritor ha culminado su vida y se la ha entregado a Dios para vivir plenamente en la eternidad. Este libro es, pues, un homenaje a su pastoral sobresaliente, la cual todavía añoramos desde lo más hondo de nuestros recuerdos inolvidables.

Una discípula y un discípulo de la escuela de Gutiérrez tuvieron la osadía de poner el punto final a sus reflexiones sobre la obra bautista. El lector tiene en sus manos el fruto final de esta pasión por la historia como manera de pensar la identidad como problema y, a la vez, como aventura promisoria. La Rvda. Miriam Z. Gutiérrez, su amada discípula y compañera idónea por 46 años, se ha ocupado de los detalles finales del libro. Pero, además, ha escrito también unas reflexiones serias y sólidas sobre el pastor o la pastora en una iglesia bautista y sobre el lugar de las Escrituras dentro de la tradición bautista. Es interesante destacar que actualmente Miriam Z. Gutiérrez es profesora de historia y principios bautistas del Seminario Evangélico de Puerto Rico. Celebro que haya seguido la trayectoria de su querido Gutiérrez porque la semilla dejada por él en cuanto a la investigación de la historia bautista tiene que cultivarse diligentemente para que produzca frutos en abundancia. Desde ya adelanto que el libro de Ángel Luis Gutiérrez servirá de punto de partida para futuras investigaciones en este curso que ofrece la profesora Gutiérrez en Puerto Rico y en otras partes de América Latina.

El discípulo e hijo de Ángel Luis y Miriam, el Rvdo. Juan Ángel Gutiérrez, pensador agudo y profesor destacado, puso lo mejor de su formación teológica al servicio de su padre. Fue de hecho un interlocutor importante en todo el libro de Gutiérrez[1]. Hoy Juan Ángel Gutiérrez sigue la trayectoria de su padre al dictar conferencias y cursos que tratan, entre otros temas, sobre la historia bautista de cara a la encrucijada de la globalización y la postmodernidad. Su núcleo de pensamiento es la liberación concebida en clave bautista y actualizada social y políticamente. Veo y auguro que aquí hay posibilidades concretas de leer el libro de Gutiérrez siguiendo otras claves necesarias para nuestro tiempo. Creo por mi propia experiencia pastoral y académica, y en eso sigo enteramente lo que el propio Gutiérrez nos enseñó, que no hay mayor alegría para un maestro o maestra, pastor o pastora, que nuestros discípulos, discípulas y feligreses amplíen, e incluso mejoren, las reflexiones que planteamos en un momento dado. En el fondo, eso quiere nuestro autor con su libro.

Ahora bien, después de esta breve exposición, ha llegado el tiempo de callar y dejar que el propio lector entre de lleno en este libro. Es tiempo de leer, pensar, dialogar, valorar, proponer y aplicar. Que el Dios Trino nos ayude en todo esto.

Notas

1. Juan Ángel escribió el caso para estudio sobre la separación de la iglesia y el estado. Además, contribuyó en la revisión completa del texto e hizo otras contribuciones en esta publicación.

introducción

Hace algunos años estuve en Nicaragua por invitación de la Convención Bautista de Nicaragua y el Seminario Teológico Bautista de Nicaragua. En mis presentaciones al cuerpo pastoral de la Convención, hablé sobre los principios y las prácticas bautistas. En esa ocasión le prometí al grupo que iba a escribir un libro sobre el tema, pero desde una perspectiva latinoamericana y caribeña. Uno de los jóvenes pastores de aquella época, el Dr. Jerjes Ruiz, nunca olvidó esa promesa.

En junio del 2002, Miriam y yo estuvimos en Costa Rica, invitados por la Federación de Asociaciones Bautistas de Costa Rica, para hablar en la Cátedra Los Pioneros sobre los principios y las prácticas bautistas. Al regresar, aprovechamos la oportunidad para visitar a nuestro hijo, quien era misionero de las Iglesias Bautistas Americanas, en Nicaragua. Visitamos la Universidad Politécnica de Nicaragua para saludar a dos viejos amigos, el Dr. Ruiz y el Rvdo. Tomás Téllez. Cuando nos encontramos con Jerjes en esa ocasión, me saludó con la pregunta: ¿Dónde está el libro?

Le pude contestar que esperábamos escribirlo en los próximos meses y que habíamos aprovechado la oportunidad que nos ofreció la Federación de Asociaciones Bautistas de Costa Rica para organizar en un manuscrito el material que habíamos estado investigando y veníamos preparando desde hacía algunos años.

Cuando hablamos de principios bautistas hay una tendencia a confundirlos con dos palabras parecidas: doctrinas y prácticas. Muchas personas hablan de las doctrinas bautistas y otras confunden los principios con la forma de hacer las cosas, que son las prácticas de un grupo bautista en determinado lugar o época.

Los bautistas creemos y afirmamos las doctrinas de la fe cristiana que son comunes a todas las personas que profesan una fe en Jesucristo. Podemos diferir en algunos detalles en la interpretación de la misma, pero estamos de acuerdo en las cosas básicas y fundamentales. Nuestro concepto de Dios, de Jesucristo, del Espíritu Santo y aun de la salvación, son esencialmente iguales, aunque puede haber diferencias de detalles.

Podemos afirmar que las doctrinas bautistas son aquellas que tenemos en común con todas las personas cristianas del mundo y en todas las épocas. La doctrina nos hace iguales a todas las personas creyentes. Esas creencias nos hacen ser parte del pueblo cristiano o de la iglesia universal por encima de las denominaciones o sectas. Esto quiere decir que no podemos hablar de doctrinas si estamos pensando en algo exclusivo de una denominación en particular. Podemos afirmar que no existen doctrinas bautistas especiales respecto a la fe de la iglesia.

Los principios bautistas o de otra denominación son aquellas ideas y supuestos que nos diferencian de otros grupos cristianos. Esto no quiere decir que necesariamente nos hacen mejores que otros hermanos y hermanas, pero son distintivos que le dan razón de ser a una denominación, y en este caso, a la nuestra. Estos principios fueron ideas que hicieron posible que naciera un grupo que hoy se conoce como bautista. Debemos reconocer que hay otros grupos que hoy sostienen principios similares o que lo hicieron en otra época.

Este libro se escribió siguiendo lo que considero son los tres principios básicos de la denominación bautista: la iglesia como comunidad de creyentes, la iglesia como comunidad de la Biblia y la iglesia como una comunidad libre. Los principios de una denominación no cambian, pero las prácticas se pueden adaptar a circunstancias diferentes.

Los principios no pueden cambiar sin alterar la esencia de lo que somos, pero las prácticas pueden variar de acuerdo con las circunstancias culturales de un determinado lugar. No debemos confundir los principios con las prácticas de una iglesia en particular. Toda práctica debe estar basada en uno o más principios. Estos principios y sus implicaciones para las prácticas de las iglesias locales se desarrollan en este libro.

Para el pueblo bautista, la Biblia es la única regla de fe y práctica y, por lo tanto, todo lo que afirmemos aquí debe tener el respaldo de las Escrituras. Pero para saber lo que los bautistas originales creían y practicaban, tenemos que conocer lo que escribieron. Por eso haremos uso de sus confesiones de fe, que aunque no tienen la autoridad bíblica, nos ayudan a entender los principios.

Este libro se escribió para pastores y pastoras, laicos y laicas, maestros y maestras de escuela bíblica. Esperamos que se use en los cursos denominacionales de seminarios e institutos, en las clases para nuevos creyentes, en talleres de orientación y en las clases de escuela bíblica de congregaciones locales.

En el capítulo 1 se consideran los fundamentos históricos, bíblicos y teológicos que dieron origen a la denominación bautista.

El capítulo 2 presenta el primero de los principios que exploraremos en este libro: la iglesia como comunidad de creyentes. Estudiaremos las celebraciones, el liderato y la tarea de esa comunidad.

El capítulo 3 desarrolla el segundo principio: la iglesia como comunidad de la Biblia. ¿Qué significa la Biblia para los bautistas? ¿Cuáles son algunas implicaciones teológicas y prácticas de esta afirmación?

El capítulo 4, dedicado al último de estos principios—la iglesia como comunidad libre—, considera uno de los temas más controversiales y radicales de nuestra teología: la libertad de conciencia. Reflexionaremos sobre las implicaciones teológicas y prácticas de esta afirmación, tales como el gobierno congregacional y la separación de la iglesia y el estado.

El capítulo 5 se dedica al tema del pastorado en una iglesia bautista. ¿Cómo concebimos la figura pastoral en una iglesia bautista? ¿Qué lugar ocupa el pastorado en una congregación bautista? A la luz de esto, ¿cuáles son algunas tareas pastorales que debemos tener en mente?

En el capítulo 6, se discute el importante y controvertible tema de la adoración en una iglesia bautista. ¿Cuántas y cuáles son las formas de adoración en una iglesia bautista? ¿Quién y cómo se determina la adoración en una congregación bautista?

En el capítulo 7 se aborda el tema de la organización y

administración en una iglesia bautista. ¿Quién determina qué y cómo se harán las cosas? ¿Cómo organizamos una congregación bautista conforme a los principios presentados aquí?

Debido a la condición de salud del autor en los últimos años, ha sido necesario incorporar a este proyecto a dos personas muy cercanas a él y quienes también comparten su pasión por el tema: su hijo Juan Ángel y su esposa Miriam. A ellos les ha tocado dar los últimos toques al manuscrito. Además, hemos incorporado trabajos escritos por Juan Ángel y por Miriam sobre varios de los temas que presentamos. Esperamos que sus contribuciones enriquezcan el contenido del libro.

Afirmamos lo que nos hace bautistas sin menoscabo de otras tradiciones, denominaciones e iglesias cristianas. Toda persona que afirma que Jesucristo es su Señor y Salvador es nuestro hermano o hermana y es parte de la iglesia de Jesucristo, de esa iglesia que ora: «Ven, Señor Jesús».

capítulo 1

Los bautistas: ¿Quiénes son? ¿De dónde vienen? ¿Dónde están? ¿Qué creen?

Introducción

Los bautistas son una comunidad de creyentes de alrededor de treinta y cinco millones de personas en todo el mundo, pero divididos en muchos grupos. Les unen muchas cosas, pero al mismo tiempo les separan otras.

Lo primero que les une es una concepción de la iglesia como un grupo de personas que ha venido a ser parte de la misma por una decisión voluntaria en un acto de fe. También les une el bautismo como un símbolo de esa experiencia religiosa y su práctica de la inmersión total del creyente en agua. Afirman lealtad a la Biblia como el libro que debe guiar sus acciones en todas las esferas de la existencia.

Se han caracterizado por su fervor evangelístico y su extensión misionera en todo el mundo. Han sido defensores constantes de la libertad de acción de la congregación local, la libertad religiosa y la separación de la iglesia y el estado. Esa insistencia en la libertad les ha permitido adaptarse a diferentes circunstancias, culturas y países.

Al mismo tiempo, se conocen por el número grande de grupos bautistas que llegan a más de doscientos. Se han dividido por razones teológicas, adopción de diferentes prácticas, actitudes hacia la obra misionera y evangelística, razones políticas y sociales y hasta por actitudes raciales.

Los bautistas, al igual que los menonitas, tienen su origen en la Reforma Protestante dentro del ala que se conoce como la reforma radical o las iglesias libres. Su inicio fue en los primeros años del siglo 17 en Inglaterra.

Orígenes

Hay un sector que alega que su principio histórico se puede encontrar en la Iglesia Primitiva en Jerusalén. Este grupo trata de trazar una línea directa desde los apóstoles hasta nuestros días, basada en el bautismo o alguna otra característica, pasando por todos los grupos disidentes que surgieron a través de la historia de la iglesia cristiana anterior al movimiento protestante del siglo 16. Aunque la idea no tiene mucha base histórica o el respaldo de los investigadores, tiene mucho arraigo sentimental en diferentes grupos del mundo, especialmente entre los conservadores. Esta teoría se conoce como la teoría de la sucesión apostólica o sucesionismo.

Un grupo de historiadores bautistas ha sostenido que los bautistas somos descendientes directos del movimiento anabautista que surgió en los alrededores de Suiza en los años del 1520 al 1525. Esto se debe a los contactos en Holanda entre esos grupos y los primeros bautistas ingleses cuando estos últimos huyeron a ese país en búsqueda de libertad religiosa. No hay duda que las ideas de ambos movimientos tenían mucho en común. Sin embargo, el pequeño grupo bautista rechazaba la actitud negativa de los anabautistas, representados por los menonitas, respecto a la participación en el gobierno y el pacifismo o la no violencia.

La teoría histórica que hoy tiene más respaldo sostiene que los bautistas surgen en Inglaterra como el producto final de la Reforma Protestante en ese país, que se originó bajo el reinado del rey Enrique VIII. Según esta teoría los bautistas fueron la conclusión lógica del desarrollo de las iglesias conocidas como iglesias libres.

La Reforma Anglicana bajo el rey Enrique VIII fue un esfuerzo por liberar a la iglesia inglesa del poder que ejercía sobre ella la Iglesia Católica Romana, pero sin muchos cambios sustanciales en la teología y las prácticas. Esto trajo muchas críticas de parte de las personas que querían liberar totalmente al movimiento de las ataduras al pasado. Algunos grupos trataron de purificar la iglesia desde adentro y se les conoció como los puritanos. Otros insistieron en que eso era imposible, y decidieron separarse de la misma, por lo cual se les llamó separatistas.

Un sector dentro de los separatistas concluyó que para mantener la pureza de la iglesia era necesario que los creyentes tuvieran todo el poder de gobernar a la congregación local. Para eso también debían liberarse de toda influencia y dominio del gobierno. Desarrollaron un gobierno congregacional en el cual el grupo local de creyentes tenía toda la autoridad y poderes para ordenar su vida de iglesia y administrar todos los asuntos de la misma.

Pronto ese grupo confrontó el problema de que las personas bautizadas como infantes cuando alcanzaban la edad adulta no eran fieles a los postulados del movimiento y eso no les permitía mantener una iglesia pura. Decidieron que para evitar esto debían limitar el bautismo a las personas que podían dar testimonio de su fe y de una experiencia religiosa que se caracterizara por obediencia a las prácticas de la congregación. Esto eliminó el bautismo de infantes y dio vida a lo que se conoce como las iglesias bautistas.

Lo que creemos los bautistas

Los bautistas siempre hemos afirmado que somos una iglesia sin credo. Esto lo que significa es que no reconocemos ninguna tradición, concilio, documento, opinión religiosa o jerarquía que nos diga lo que debemos creer. Afirmamos que la Biblia, la Palabra de Dios, es nuestra única autoridad en materia de fe y práctica. Precisamente, este elemento de libertad fue lo que propició la separación de la iglesia del estado en el siglo 17.

Sin embargo, en nuestra historia existe una serie de documentos, conocidos como confesiones, que contienen las doctrinas básicas de nuestra fe. ¿Qué son las confesiones de fe? ¿En qué circunstancias surgieron? ¿Cuál fue el propósito y uso de las mismas? ¿Qué significan para los bautistas en el presente ¿Cuál es su importancia?

En este tiempo actual que vivimos, cuando casi a diario surgen diversas sectas, cuando se levantan líderes que reclaman proclamar la «sana doctrina», cuando debido a la gran movilidad poblacional y a la rápida comunicación constantemente interactuamos con otras denominaciones y movimientos religiosos, las confesiones de fe nos ayudan a dar testimonio de lo que creemos y hacemos.

La Biblia en las Confesiones

Si leemos los textos originales de las confesiones, encontraremos que la mayoría de las confesiones de fe son apoyadas por referencias bíblicas. Esto demuestra la lealtad de nuestros primeros hermanos bautistas a La Biblia. Muchas de estas confesiones fueron muy oportunas, ya que trataban asuntos que se discutían en su tiempo y que ya hoy no ocupan nuestra atención. Algunos de los asuntos que los bautistas del siglo 21 estamos discutiendo ni siquiera pasaron por sus mentes. Aun así, los principios bautistas básicos como aparecen en esas confesiones, han trascendido los siglos y permanecen hoy.

Propósito de las confesiones

Una confesión de fe afirma lo que un grupo de bautistas, grande o pequeño, cree en determinado tiempo y lugar. Un credo dice lo que se debe creer. Las confesiones incluyen; los credos excluyen.

Nuestros hermanos, los primeros bautistas, se cuidaron de enfatizar:

- Que las confesiones eran meramente afirmaciones humanas,
- Que podían ser revisadas cuando fuese necesario, y
- Que de ninguna forma tenían la misma autoridad que las Escrituras.

Se formularon y se escribieron para usarlas con diversos propósitos, a saber:

1. Clarificar la fe bautista y mantener la pureza de la doctrina. Esto se hacía necesario porque se les acusaba constantemente de tener creencias absurdas y de prácticas indecorosas. Con las confesiones refutaban esas falsas acusaciones y les comunicaban al

mundo sobre sus creencias. Además, enfatizaban en las similitudes con otros grupos cristianos.

2. Informar y educar a sus miembros. Eran un instrumento para instruir a los laicos para que pudieran dar respuesta de la fe bautista. Esto tenía un doble propósito: primero, expresar la fe y formularla en sus propios términos. Además, se usaban para instruir a los nuevos convertidos y como guía para el estudio bíblico.

3. Proveer una base para la confraternidad. Insistían en la afiliación y confraternidad entre iglesias y mensajeros. Las iglesias locales estudiaban estas confesiones para decidir si querían unirse a la asociación.

4. Proveer un instrumento para tratar o disciplinar a los creyentes que se desviaban de la fe, tanto miembros como ministros o iglesias.

5. Dilucidar controversias. Cuando éstas surgían, los bautistas acudían a las confesiones buscando una guía. Apelaban a ellas para establecer lo que era una herejía.

En términos generales, las confesiones de fe ayudaron a los bautistas del siglo 17 a dar forma y a compartir la fe. Desde sus comienzos estos han sido gente confesional, siempre dispuestos a dar respuesta de su fe, aunque nunca elevaron sus confesiones a estatus de credo.

Las confesiones del siglo 17

Consideraremos aquí algunas confesiones redactadas en el siglo 17, ya que fue en ese tiempo cuando se formularon las más importantes y mediante las cuales se estableció la plataforma sobre la cual hemos levantado nuestra denominación.

† Confesión de 1611

En 1611 el grupo que lideraba Thomas Helwys formuló una confesión de fe que se puede considerar la primera confesión de fe bautista. En esta se rechazaba el calvinismo, se defendía una salvación general y se planteaba la posibilidad de caer de la gracia. Se negaban distintivos de los anabautistas, tales como su perspectiva cristológica, su posición con respecto a los magistrados y al juramento.

† Primera Confesión de Londres (1644)
Ésta fue formulada en una reunión de siete iglesias bautistas particulares (calvinistas), preparada por un grupo de quince hombres sin ningún adiestramiento formal para el ministerio. Tenía un fuerte énfasis cristológico. En esta confesión se expone la doctrina de la elección, la cual es balanceada con la afirmación de que, no obstante, el Evangelio tiene que ser predicado a toda persona. No contiene nada sobre la enseñanza de la reprobación o condenación. Pone mucho énfasis en la predicación, particularmente haciendo hincapié en la predicación de los laicos.

Ésta es una confesión de suma importancia para los bautistas, ya que es la primera que se pronuncia a favor del bautismo por inmersión. Otro punto importante en esta confesión es que se discute la relación entre la iglesia y el estado. Siendo que una de las acusaciones que se les hacía era que se oponían al gobierno, se afirma en esta confesión que «las autoridades seculares deben ser obedecidas en todo asunto legal que ellos manden», y que los bautistas estaban obligados a defender el gobierno constitucional.

Contiene doce artículos (21-32) que tienen que ver con la vida del creyente como elegido por Dios, afirmando así los cinco puntos de la teología calvinista: depravación total, expiación limitada, elección incondicional, gracia irresistible y perseverancia de los santos.

El artículo 47 presenta prueba escritural para fortalecer las relaciones entre las iglesias locales, lo que llamamos hoy interdependencia. Este artículo presenta dos principios teológicos como base para afirmar esta relación. Primero, se afirma que la necesidad de asociación entre congregaciones es la misma que la de los creyentes individuales en una iglesia local. Segundo, por las mismas razones que había para hacerse miembro de una iglesia local—ayudarse unos a otros a mantenerse puros y a mantener limpia de escándalo la profesión del Evangelio—las iglesias particulares debían unirse unas con otras.

Quizá ninguna otra confesión ha tenido una influencia tan formativa como la Primera Confesión de Londres. Se considera por algunos historiadores como el más importante acontecimiento en la historia bautista. Es la confesión que distingue a los bautistas particulares de los generales y de los anabautistas.

Fue una pieza de propaganda muy efectiva para atraer tolerancia hacia los bautistas y para ganar personas para la fe bautista. Algunos historiadores, como William Brackney, afirman que esta confesión es uno de tres puntos cimeros en los documentos históricos de los bautistas que han servido para dar forma a la identidad bautista[1].

† Fe y práctica de treinta congregaciones (1651)

Durante el período del *commonwealth* (en Inglaterra), se produjeron muchas confesiones relacionadas mayormente con el movimiento de asociación de la época. La asociación formal era principalmente el resultado de una necesidad o instinto conexional propio de los bautistas, ya que estos nunca fueron independientes en el estricto sentido de la palabra. Los acontecimientos políticos de la época fueron propicios a la organización de asociaciones por la completa libertad que existía. Ya para antes del 1660 las asociaciones permanentes eran típicas instituciones bautistas.

En ese año hubo una reunión de la asociación de bautistas generales, donde se nombraron mensajeros para trabajos especiales. Además, se tomó un acuerdo para compartir para las necesidades de los pobres. Treinta iglesias estuvieron representadas, cada una con dos mensajeros o delegados.

Se aprobó en esa ocasión allí una confesión titulada *La fe y práctica de treinta congregaciones reunidas de acuerdo con el modelo de la iglesia primitiva.* Esta confesión es importante porque es la primera de los bautistas generales que representa el punto de vista de más de una iglesia y no de un solo individuo. Acuerda esencialmente con la primera confesión de los bautistas generales de 1611.

Los primeros 45 artículos se refieren a las doctrinas de las iglesias; los otros treinta presentan sus prácticas. No es consistente con la doctrina arminiana, sino que se señalan algunos énfasis tradicionales del calvinismo. El artículo 25 repudia la doctrina de libre albedrío. Los artículos 4 al 16 presentan afirmaciones pioneras en la doctrina bautista de libertad de conciencia. El artículo 48 contiene una referencia evidente a la inmersión, aunque no se utiliza el término.

La adopción de esta confesión acercó más a las iglesias, dándoles mayor unidad y fortaleza.

† La fe del verdadero evangelio (1654)

Un grupo de líderes bautistas generales, bajo la dirección de John Griffith, se reunió para considerar los resultados del gran entusiasmo que estaba generando el movimiento cuáquero. Decidieron publicar una crítica a ese movimiento y hacer conocer lo que ellos creían. Fue firmada por prominentes líderes bautistas generales de la época.

Al principio sólo contenía la crítica a los cuáqueros, ya que por falta de tiempo no pudieron incluir una afirmación doctrinal original. Decidieron usar la afirmación titulada *La fe del verdadero evangelio por los profetas y los apóstoles,* que contenía esa afirmación.

Esta confesión es muy similar a la del 1644. No hace mención de los diáconos como oficiales de la iglesia. Tampoco contenía referencia alguna a las Escrituras. Usa el término «sumergir» en vez de bautizar. Es la primera confesión que prescribe la imposición de manos sobre toda persona creyente bautizada.

† Confesión de la Asociación de Midland (1655)

Esta confesión sigue el modelo de la Primera Confesión de Londres de 1644, pero sus afirmaciones son originales. A pesar de su brevedad, la parte teológica es un resumen cuidadoso y una alabanza a la doctrina bautista calvinista de mediados de siglo 17.

El énfasis del artículo 13—el lugar de las obras cristianas como evidencia externa de la conversión antes del bautismo—se parece a las enseñanzas de Menno Simons. Además, la posposición del bautismo es muestra de que estos bautistas estaban lejos de un entendimiento sacramental de la ordenanza.

El propósito principal de esta confesión era más instructivo que apologético. En años posteriores, los bautistas particulares elaboraron esta confesión cuando, en 1689, pusieron al día su expresión doctrinal.

† Confesión de Somerset de 1656

Bajo el liderato de Tomás Collier, un predicador laico bautista particular extraordinariamente dotado, comenzaron a reunirse representantes de iglesias del área de Somerset. En la séptima reunión aprobaron una confesión de fe. Su propósito era más apologético, en la cual contestaban acusaciones de que no eran calvinistas.

Estaba muy bien redactada y llevaba el sello de su autor en varios puntos. Aunque aparentemente había la intención de acercarse a la posición teológica de la Primera Confesión de Londres, hay omisiones notables. Al final, pareciese que estos bautistas no tenían la misma perspectiva teológica que las iglesias de Londres.

Debido a que en el área había muchos bautistas generales, la confesión representa un intento de incluir a todos los bautistas, irrespectivamente de si eran arminianos o calvinistas.

El artículo 34 es una de las más claras afirmaciones de la obligación misionera de la iglesia antes del tiempo de William Carey. Es la única confesión que incluye un artículo sobre los judíos y cuál debe ser la actitud de los cristianos hacia ellos.

La importancia de esta confesión es que (a) representa el más antiguo esfuerzo por unir a los bautistas generales y particulares; (b) estipula claramente tres distintivos bautistas: (1) el deber de la iglesia de recibir solamente a aquellas personas que han dado evidencia de regeneración; (2) el derecho de una iglesia para llamar y ordenar sus propios ministros; (3) la obligación misionera de la iglesia—a todo el mundo.

Estos principios fueron expuestos por la confesión y en la práctica derrotó el cuaquerismo entre los bautistas. Además dio base para la unión de iglesias evangelísticas, lo cual continúa hasta hoy.

† Un antídoto contra la «infección» de los tiempos (1656)

Esta confesión se compone de tres secciones: (1) doctrinal, que incluía «consideraciones presentadas a los pecadores»; (2)

antiherética, señalando «advertencias a los santos», sobre «los cinco reinos de corrupción» de la época; (3) consideraciones prácticas, haciendo una invitación a los que «resbalan» (cristianos que caen en error).

† Confesión estándar (1660)

Esta confesión se escribe en una época de confusión política y religiosa. Luego de la muerte de Cromwell, los ciudadanos ingleses vieron la restauración de los Estuardo como la única vía de escape a un régimen militar. Le piden a Carlos II que regrese de su exilio en Holanda a reclamar el trono de sus padres.

Durante ese tiempo los bautistas permanecieron bastante quietos. Sin embargo, en medio de una nación envuelta en intrigas políticas, los bautistas fueron acusados de ser sectarios y «los más peligrosos conspiradores» contra la nación. Se les acusaba de destruir la nación, de desear la muerte y destrucción de quienes diferían de ellos en materia de religión, y de tolerar—bajo el principio de libertad de conciencia—la oposición a los asuntos eclesiásticos y civiles.

Fue en este sombrío ambiente que cuarenta hombres, reunidos en Londres en marzo de 1660, formularon una confesión de fe. Representaba a los principales distritos de bautistas generales y se le considera bastante regionalista, ya que hablaba mayormente a la gente de Londres y áreas vecinas.

Este documento es más una confesión de fe y menos una afirmación de prácticas si se le compara con la de 1651. Aparentemente fue redactada con mucha prisa. Teológicamente tiende hacia el arminianismo. El artículo sobre cristología es breve, vago y será «la manzana de futuras discordias» entre los bautistas. Sin embargo, su escatología es más elaborada que ninguna otra confesión de la época.

El punto culminante del documento está en los dos últimos artículos, siendo el 24 una de las más claras afirmaciones del siglo 17 a favor de una absoluta libertad de conciencia. En el artículo 12 se establece la imposición de manos, lo que parece una innovación.

Esta confesión fue revisada y reafirmada en varias ocasiones— 1663, 1678, 1691 y finalmente en 1700. Demostró ser extremadamente importante en la vida de los bautistas generales, sirviendo como base de unión por más de cuarenta años y como un cuerpo específico de doctrinas. A esta confesión las iglesias pudieron acudir en los oscuros años de persecución que le sucedieron (1664–1672), cuando la interacción y la organización entre iglesias eran imposibles.

† La segunda confesión de Londres (1677 y 1688)

Al reanudarse la persecución, los grupos disidentes se unieron. Especialmente esta situación acercó a los bautistas y congregacionalistas con los presbiterianos. Era importante que estos grupos disidentes formaran un frente común, que se pudiera demostrar con un acuerdo doctrinal entre ellos. Este documento resultó ser la Confesión de Westminster de 1646, que ya los congregacionalistas habían adoptado en 1658. Los bautistas particulares de Londres y comunidades adyacentes se propusieron demostrar su acuerdo con los presbiterianos y congregacionalistas y adoptaron esta confesión.

El anciano William Collins trabajó el documento de Westminster y lo alteró para conformarlo a las doctrinas bautistas. El documento final contiene numerosas y notables diferencias con la Confesión de Londres de 1644, lo cual reconocieron en una nota introductoria.

Entre las innovaciones se encuentran el tratamiento de temas tales como las Escrituras, el asunto del sábado y el matrimonio. Además, el concepto de la iglesia y las ordenanzas fue alterado. Usando la Confesión de Westminster, considerada uno de los mejores credos evangélicos, esta nueva confesión es más completa que la de Londres de 1644.

El calvinismo en esta nueva confesión es más pronunciado que en la de Londres. La cena del Señor no se limita a personas bautizadas, como sucedía en la de 1644. Aparecen algunos énfasis peculiarmente bautistas, tales como la obligación de predicar el Evangelio a todas las gentes, se añaden «himnos y cánticos espirituales» a los salmos como aparece en la de Westminster, se omiten el término sacramento y la definición de predestinación y se hace provisión para la predicación laica.

Luego de la proclamación del Acta de Tolerancia de 1689, la Primera Asamblea General de los Bautistas Particulares aprobó la confesión de 1677. Ésta, que fue redactada con propósitos apologéticos y educativos, vino a ser una de las más importantes confesiones de fe bautista.

† El Credo Ortodoxo (1678)

En 1678 los bautistas generales siguen el ejemplo de los particulares y escribieron su Credo Ortodoxo con el propósito de «unir y confirmar a los verdaderos protestantes en los artículos fundamentales de la religión cristiana». Fue escrito y adoptado por un grupo de iglesias bautistas generales ortodoxas y no en nombre de la Asamblea General de los Bautistas Generales.

Los primeros ocho artículos eran dedicados enteramente a la Trinidad. Otros artículos igualmente densos tenían que ver con eclesiología y problemas cúlticos. La Confesión de Westminster sirvió de modelo, pero usaron mayor libertad en el orden y contenido de los artículos.

Teológicamente, y para cumplir con los propósitos de unidad, se acerca más al calvinismo que ninguna otra de las confesiones de los bautistas generales. Presenta, además, clara evidencia de la tendencia de los bautistas generales de finales del siglo 17 a elevar el ministerio y a centralizar la autoridad. Es la única confesión del siglo 17 que pone la asociación como institución sobre la iglesia local. Uno de los artículos le daba a la asamblea general el poder para excomulgar.

Este credo no tuvo mayor influencia fuera de la región donde fue establecido.

† La confesión de fe de Londres de 1689

En 1689 una asamblea de bautistas reunidos en Londres adoptó casi en su totalidad la Confesión de Westminster, formulada unos 46 años antes por otros cristianos. Sólo unas pocas alteraciones se hicieron, particularmente relacionadas con política eclesiástica, las ordenanzas y los magistrados civiles.

El propósito de esta nueva confesión era demostrar el deseo de armonía con otros grupos cristianos. La intención era más bien mostrar al pueblo cristiano su acuerdo básico con todos los fundamentos de la fe protestante reformada. No tenían el propósito de ser contenciosos ni divisionistas, sino de andar en paz con los hermanos de todas las doctrinas de fe.

Para resumir las confesiones, señalamos que fueron los bautistas generales los primeros en formularlas, porque fueron los que surgieron primero. Con algunas diferencias en detalles e intensidad, las confesiones de los bautistas generales enfatizan en:

- Expiación general—Cristo murió por todos los seres humanos
- Libertad para creer sin considerar la predestinación
- Tendencia a equiparar predestinación con conocimiento previo
- Advertencias sobre posibilidad de «caer de la gracia»
- Bautismo solamente para los creyentes
- Pacifismo
- Completa libertad religiosa
- Separación de iglesia y estado.

Los bautistas particulares formularon menos confesiones, pero estas eran más completas. Sus énfasis eran:

- Expiación limitada—Cristo murió sólo por los escogidos
- Perseverancia de los santos—no se puede perder la salvación o caer de la gracia
- Predestinación, tanto de los escogidos como de los condenados

Los puntos en común que había entre ambos grupos eran:

- Bautismo de creyentes
- Autoridad de las Escrituras
- Libertad religiosa.

Importancia de las Confesiones

El estudio de estas confesiones nos ofrece un recuento de los asuntos que fueron de importancia y valor para los primeros hermanos bautistas y también de lo que creían. Cada una de ellas contiene los asuntos que se estaban discutiendo en las iglesias en el momento de formularse, y que les estaban afectando de alguna forma. O sea, cada confesión surgió como respuesta a una situación muy particular sobre la cual sintieron la necesidad de hacer aclaraciones, afirmaciones y de establecer por escrito las doctrinas y prácticas de dichas iglesias.

Su valor es incalculable; nos ofrecen la oportunidad de conocer las luchas de los pioneros de la denominación y de las cosas que eran valiosas para ellos. Nos ayudan a conocer la historia, pero también nos ayudan a apreciar lo que somos. Es muy significativo conocer el apego a las Escrituras de estos hombres y mujeres que pusieron su vida en la línea por ser fieles a la Palabra de Dios. Hasta el día de hoy los bautistas tenemos esa lealtad a la Biblia. Las confesiones nos ayudan, además, a conocer a aquellos y aquellas que expusieron sus vidas por defender lo que creían y establecer la plataforma donde pisamos. Nos ayudan a tratar de imitar su compromiso con la verdad y a defender esa verdad, inclusive en circunstancias desfavorables.

Historia en Inglaterra

Juan Smyth era un vicario anglicano que después de oponerse vigorosamente a las ideas de los separatistas, las adoptó y se convirtió en uno de sus pastores. Su grupo de creyentes huyó a Holanda, probablemente a finales de 1607, para escapar la persecución que bajo el rey Jacobo I se desarrolló contra los grupos disidentes que rechazaban las doctrinas y prácticas de la Iglesia Anglicana. En Amsterdam, Holanda, se organizaron como la Segunda Iglesia Separatista, un grupo de cerca de ochenta personas. Ya bajo John Robinson, otro líder de la iglesia en Inglaterra y del cual se habían separado, se había organizado la Primera Iglesia en 1608. De este grupo de Robinson se cree que luego se formó el núcleo que huyó a Estados Unidos, que se conocen como los peregrinos que desembarcaron en Plymouth, Massachussetts.

En Amsterdam, Smyth aceptó algunas de las ideas de los menonitas, que incluía una teología arminiana, que sostiene que la salvación es para todas las personas y no solamente para las escogidas, el énfasis en una iglesia regenerada y el bautismo exclusivo para los creyentes. Esto último lo llevó a bautizarse a sí mismo, alrededor de finales de 1608 o principios de 1609. Bautizó a treinta y siete personas adicionales, incluyendo a Thomas Helwys, para formar la Primera Iglesia Bautista. El bautismo fue por afusión—vertiendo agua sobre el cuerpo desde arriba—y no por inmersión.

Esa congregación se dividió algunos años más tarde, en febrero de 1610, cuando Smyth solicitó unirse a los menonitas. Un grupo de unas ocho a diez personas, bajo la dirección de Thomas Helwys, retornó a Inglaterra, posiblemente para finales de 1611 o principios de 1612. Ya de vuelta a Inglaterra, organizaron la primera iglesia bautista en suelo inglés, con alrededor de una docena de creyentes. Tenían una teología arminiana, se conocían como bautistas generales, defendían la libertad religiosa y practicaban el bautismo de creyentes.

Otro grupo bautista surge alrededor del 1638, cuando miembros de una congregación independiente, que había sido organizada en 1616 por Henry Jacob, insisten en el bautismo de creyentes. Tenían una teología calvinista,—la salvación es particularmente para los escogidos—, y se les llamó bautistas particulares. Algunos de los líderes de ese grupo fueron William Kiffin, Richard Blunt, Hanserd Knollys y Juan Spilsbury.

Este grupo llegó al convencimiento, después de estudiar la Biblia cuidadosamente, que la única forma válida para el bautismo era la inmersión. Volvieron a bautizarse en el 1640 y de ese momento en adelante, la práctica bautista de bautizar por inmersión se convirtió en una de las características de la denominación bautista. Eran defensores de la libertad religiosa.

Por alrededor de cuarenta años, los bautistas lucharon en favor de adorar a Dios de acuerdo con sus conciencias y con completa libertad. Solamente durante el protectorado de Cromwell estuvieron libres de persecución, en parte como retribución por el apoyo que le ofrecieron al líder inglés que llegó al poder respaldado por los calvinistas. Esa época también fue de crecimiento debido a su fervor evangelístico, aun en medio de la persecución.

Después del 1690, los bautistas en Inglaterra pierden su entusiasmo misionero en la búsqueda de nuevos conversos. Pusieron todo su esfuerzo y energías en discusiones teológicas de la época, la organización eclesiástica y disputas sobre las formas de adoración. El avivamiento wesleyano y el movimiento misionero hacia la India, bajo la inspiración de William Carey, abrieron nuevas avenidas de crecimiento y entusiasmo entre los bautistas ingleses. Esto trajo nuevas divisiones.

Una de las contribuciones mayores de los bautistas ingleses a la iglesia cristiana fue propiciar el movimiento misionero mundial del siglo pasado bajo la iniciativa de William Carey. Carey era un zapatero de profesión y pastor de una congregación, un abolicionista y defensor de los derechos humanos. Fue bautizado por inmersión el 5 de octubre de 1783 por el Dr. John Ryland. Sintió el deseo y la encomienda divina de compartir el evangelio con los países en el oriente, fervor surgido de su estudio de la Biblia y de su entendimiento de la Gran Comisión. En 1791, y en contra de la oposición del liderazgo bautista de la época, proclamó la necesidad de la obra misionera en ultramar. Él fue el primer misionero de la época, inciando la obra en India a finales del siglo 18.

Bautistas en Estados Unidos

Muchos bautistas habían huido a las colonias inglesas en América del Norte, confiando que iban a encontrar libertad para organizar su vida religiosa de acuerdo con su conciencia. Sucedió todo lo contrario, pues en las costas de Nueva Inglaterra encontraron que los que habían venido anteriormente en búsqueda de esa libertad no estaban en disposición de proveerla a otros disidentes. La persecución en el nuevo continente era tan recia o peor que la que habían dejado atrás.

Una de las víctimas de esa persecución fue Henry Dunster, primer presidente del Colegio de Harvard, que luego se convirtió en la prestigiosa Universidad de Harvard, en Cambridge, Massachussetts. En 1654 fue obligado a renunciar, luego de doce años de servicio, por haber aceptado ideas bautistas y rehusarse a permanecer en silencio con respecto al bautismo de infantes. Cuando, en su desesperación por el cuidado de su familia durante el invierno, solicitó a la junta rectora de la escuela permiso para permanecer en la casa presidencial, le negaron la petición. Luego, en 1657, fue llevado a juicio en dos ocasiones por rehusar bautizar a su niña, nacida el 29 de diciembre de 1656. Cinco años más tarde, el 27 de febrero de 1659, murió.

El Dr. John Clarke, fundador de la Iglesia Bautista de Newport, fue multado; y Obadías Holmes, el hombre que le sucedió en el pastorado, fue encarcelado y flagelado en Boston, todo por predicar en contra del bautismo de infantes.

Otra razón para perseguir a los bautistas era su insistencia en la separación de la iglesia y el estado. Roger Williams huyó de la colonia de Massachusetts y fundó la de Rhode Island, donde se garantizaba la separación de la iglesia y el estado y la libertad religiosa. Bajo la influencia de un grupo de bautistas, Williams fue bautizado en el 1639 y formó parte y dirigió la organización de la Primera Iglesia Bautista en Providence, Rhode Island, en ese mismo año. Estuvo ligado a esa congregación por algunos meses y luego se convirtió en un religioso independiente (seeker) por el resto de sus días. Otra iglesia bautista se organizó en Newport, Rhode Island, en el 1640 bajo el liderazgo del Dr. John Clarke.

En el último cuarto del siglo 17, los bautistas se organizaron en el área de Pennsylvania. Esta región ofrecía libertad religiosa, ya que su fundador, William Penn, era cuáquero. Además, estaba poblada por personas de diversas persuasiones religiosas. La ciudad de Filadelfía se convirtió en el centro de mayor influencia en el desarrollo organizativo y misionero de los bautistas. Los bautistas también se extendieron a las Carolinas y Georgia.

Los movimientos de avivamiento que surgieron en las colonias norteamericanas le dieron un impulso al crecimiento numérico de los bautistas y se convirtieron en una de las denominaciones más numerosa de ese tiempo. Se extendieron también hacia el sur y el oeste de ese país, especialmente entre la población negra y los nuevos inmigrantes de diferentes lugares del mundo.

Los bautistas en las colonias le dieron su apoyo al movimiento de independencia de los Estados Unidos de América porque confiaban que una victoria de los revolucionarios les iba a asegurar la libertad religiosa y la separación de la iglesia y el estado. No lo consiguieron en la constitución original, pero después de algunos años lograron que se incluyeran en la Primera Enmienda a la Constitución.

Posterior a la guerra de independencia y durante la expansión de la nación estadounidense hacia el oeste, los bautistas también crecieron. El concepto de libertad de los bautistas cuadraba perfectamente con las ideas políticas que caracterizaban la nación y a los que se movían hacia el oeste. La insistencia en la participación de los laicos en la vida religiosa les permitía organizar congregaciones sin la presencia de líderes preparados en las escuelas teológicas o de ministros ordenados.

El interés en las misiones fuera de los Estados Unidos cobró ímpetu cuando el misionero Adoniran Judson renunció a la denominación que le había enviado a India y adoptó el bautismo según se practicaba por los bautistas. En 1813 la Junta de la Iglesia Congregacional envió a Adoniran y su esposa Ana, juntamente con Luther Rice, a la India. En su viaje por barco,—y en barcos separados, por cierto—y por su estudio dedicado de las Sagradas Escrituras, se convencen del bautismo por inmersión. Al llegar a la India, se bautizan por inmersión. Judson fue reconocido como misionero de los bautistas. Laboró en una misión en Birmania que había iniciado el hijo de William Carey. Luther Rice regresó a las colonias americanas para levantar fondos para las misiones en el Lejano Oriente.

Grupos Bautistas Actuales

Los grupos bautistas más conocidos tuvieron su origen en los Estados Unidos. La primera gran división surgió en los años anteriores a la Guerra Civil sobre el tema de la abolición de la esclavitud. En el 1845 se organizó la Convención Bautista del Sur como reacción a la posición antiabolicionista de la denominación. Este asunto del antiabolicionismo estuvo presente en la denominación por algún tiempo antes del cisma del 1845.

Los antiabolicionistas rehusaban enviar como misioneros a las personas que tenían esclavos, mientras que los esclavistas—como se les llamaba—reclamaban igualdad de derechos en la empresa misionera. En 1844 la Convención Bautista de Alabama envió una carta a la Convención Trienial—una convención de asociaciones bautistas con propósitos misioneros que se reunían cada tres años—exigiéndoles que se les extendieran los mismos privilegios a los misioneros esclavistas. La respuesta a dicha petición fue la siguiente: «Si alguno se ofreciera como misionero teniendo esclavos, e insiste en retenerlos como su propiedad, nosotros no podemos comisionar a esa persona. Una cosa es cierta, no podemos ser parte de ningún arreglo que pueda implicar la aprobación de la esclavitud».

A pesar de los esfuerzos por aplacar los ánimos que produjo esta respuesta, la vieja amenaza de un rompimiento se hizo realidad. En una reunión celebrada en abril de 1845 se decidió que lo mejor era que cada grupo se organizara para hacer su trabajo por separado: los del sur y los del norte. En mayo de ese mismo año 328 delegados de las iglesias del sur se reunieron en Augusta, Georgia, y organizaron la Convención Bautista del Sur.

El grupo que se mantuvo fiel a la denominación original se organizó en el 1907 como la Convención Bautista del Norte; luego, en 1950 cambió su nombre a Convención Bautista Americana. En 1972 se adoptó el nuevo nombre de Iglesias Bautistas Americanas en Estados Unidos (IBA).

La Convención Bautista del Sur es conservadora en teología, en asuntos sociales y políticos; es negativa hacia el movimiento ecuménico y relaciones con otros grupos religiosos. En los últimos años se han opuesto a la participación de la mujer en el ministerio.

Las Iglesias Bautistas Americanas han asumido posiciones completamente opuestas en esos asuntos. Es miembro fundadora del Concilio Nacional de Iglesias y del Concilio Mundial de

Iglesias. Conserva su preocupación evangelizadora y misionera, mientras al mismo tiempo asume posiciones de vanguardia en favor de la mujer, las minorías, los pobres y oprimidos y de la justicia en el mundo.

Hay un sector grande de bautistas en Estados Unidos que pertenecen a la raza negra. Se caracteriza por su crecimiento númerico en las metrópolis de ese país y por su participación en las luchas a favor de su raza y en la aplicación de sus principios religiosos a la contienda política. Martin Luther King, hijo, ganador del premio Nobel por la Paz, fue un ejemplo del liderazgo negro dentro de las iglesias bautistas.

Bautistas en Europa

A principios del siglo 19 se empezaron contactos con personas en diferentes países europeos. Algunas personas que viajaban a Inglaterra y Estados Unidos por razones de trabajo vinieron en contacto con grupos bautistas y retornaban a sus países con el mensaje de los grupos bautistas en esos dos lugares.

Tres centros misioneros se desarrollaron en Alemania, los países nórdicos y Rusia, aunque ya en Francia había un grupo para el 1810. Sin embargo, este grupo no tuvo el impacto expansionista de los otros lugares. Johann Gerhard Oncken fue un alemán que residió en Inglaterra y vino en contacto con diferentes iglesias independientes. Otros dos líderes de esa época fueron Gustavo W. Schroeder y Frederick O. Nilsson, de origen sueco.

El desarrollo bautista en Rusia se inició primordialmente por la labor de bautistas alemanes, especialmente aquellos que fueron a habitar en la Siberia. También surgió un grupo por el testimonio del niño de una familia aristocrática que antes de morir le testificó a su mamá. Ella se interesó y solicitó orientación de los bautistas ingleses. Muchas personas de la clase alta se convirtieron y formaron un grupo bautista.

Hoy hay grupos bautistas en Austria, Bélgica, Bulgaria, Checoeslovaquia, Dinamarca, España, Finlandia, Francia, Alemania, Hungría, Italia, Holanda, Noruega, Polonia, Portugal, Reino Unido, Rumanía, Rusia, Suecia, Suiza, y Yugoeslavia.

Bautistas en Asia

La obra bautista en Asia se inició con el trabajo de William Carey en India en 1793 bajo los auspicios de los bautistas ingleses. Posteriormente los bautistas estadounidenses se unieron a la labor de Adoniram Judson en Birmania en 1814. Esa preocupación misionera fue el incentivo para un trabajo cooperativo entre las iglesias bautistas en Estados Unidos y la formación de una denominación. Originalmente se llamó la Convención General Misionera de la Denominación Bautista en los Estados Unidos de América para Misiones Foráneas. Se le conocía por el nombre de la Convención Trienal por que se reunía cada tres años.

Hay bautistas en Bangladesh, Birmania, Hong Kong, India, Indonesia, Japón, Corea, Malasia, Nueva Zelandia, Okinawas, Nueva Guinea, Filipinas, Singapur, Sri Lanka, Taiwan y Tailandia.

Bautistas en África

El trabajo bautista en África se desarrolló por distintos medios. Algunos esclavos liberados en Estados Unidos retornaron a África y llevaron las buenas nuevas que habían conocido en las iglesias bautistas del país esclavizador. En otros sitios se inició labor misionera en respuesta a grupos independientes ingleses y de otros países que habían tomado la iniciativa.

Hay presencia bautista en Angola, Burundi, Camerón, República Central Africana, Etiopía, Ghana, Costa de Marfil, Kenya, Liberia, Malawi, Mozambique, Nigeria, Rwanda, Sierra Leona, África del Sur, Tanzania, Togo, Uganda, Zaire, Zambia y Zimbabwe.

Bautistas en el Caribe y América Central

La obra bautista en el Caribe y América Central se inició durante el siglo veinte, en muchas ocasiones como secuela a las invasiones estadounidenses a diferentes países del área como Cuba y Puerto Rico. En otras ocasiones los grupos independientes pidieron la ayuda de los bautistas estadounidenses, ingleses o canadienses.

Hay grupos bautistas en Antigua, Bahamas, Barbados, Bermuda, Costa Rica, Cuba, República Dominicana, El Salvador,

Guatemala, Haití, Honduras, Jamaica, Nicaragua, Panamá y Trinidad-Tobago. Puerto Rico, que tiene 112 iglesias y alrededor de 25, 000 miembros, no está incluido porque actualmente es parte de la Iglesias Bautistas Americanas de los Estados Unidos como una de sus regiones administrativas.

Bautistas en América del Sur

La obra bautista en Sur América comenzó mayormente con el envío de misioneros desde países de habla inglesa, particulamente Inglaterra y Estados Unidos. La fuerte presencia de la Iglesia Católica fue motivo de muchos conflictos y persecuciones para los nuevos misioneros y creyentes. Eso hizo que el trabajo fuera arduo y lento. Sin embargo, se pudieron establecer iglesias, escuelas y otras organizaciones eclesiásticas que ayudaron en la extensión de la nueva fe.

Hay bautistas en Argentina, Bolivia, Brasil, Chile, Colombia, Ecuador, Guyana, Paraguay, Perú, Uruguay y Venezuela.

Además de estos lugares, también hay presencia bautista en Australia y Nueva Zelanda.

La Alianza Bautista Mundial

Fundada en 1905, esta es una confraternidad compuesta por 214 uniones o convenciones bautistas, que comprende más de 34 millones de creyentes bautizados. Esto representa una comunidad de aproximadamente 80 millones de bautistas ministrando alrededor del mundo. La Alianza une a los bautistas de todos los lugares, siendo líder en la evangelización y respondiendo a las personas en necesidad y abogando e impulsando los derechos humanos.

Funciona con una estructura compuesta por un presidente o presidenta, y 16 vicepresidentes, representantes de sus regiones o continentes. Existen seis organizaciones regionales, además de grupos representativos, tales como mujeres, hombres y jóvenes.

Es importante notar que en sus artículos constitutivos se establece que la ABM respetará y «reconocerá la independencia de cada iglesia particular y no asumirá las funciones de ninguna organización ya existente». Sus oficinas centrales están ubicadas en Virginia, Estados Unidos.

En 2005 se reunió la Alianza en la ciudad de Birmingham, Reino Unido, para celebrar su centenario de fundación y testimonio de unidad cristiana. Resultado de esa reunión es la siguiente confesión de fe:

DECLARACION DEL CONGRESO DEL CENTENARIO

Birmingham, Reino Unido–25 de julio de 2005

ALIANZA MUNDIAL BAUTISTA (Fundada en 1905)

A los creyentes bautistas de todo el mundo, con amor y alegría de parte de los asistentes al Congreso del Centenario de la ALIANZA MUNDIAL BAUTISTA en Birmingham, Reino Unido.

ESPERANZA DE UN NUEVO CIELO Y UNA NUEVA TIERRA

1. Renovamos nuestro compromiso con el Señor Jesucristo, Salvador y Dios nuestro, nuestro amigo y guía, en el poder del Espíritu Santo, y afirmamos nuestra vida juntos como una comunidad de fe que anticipa con esperanza el retorno de Cristo y el Nuevo Cielo y la Nueva Tierra de Dios;

NUESTRO DIOS TRINO

2. Creemos en un solo Dios eterno, que se ha revelado a nosotros como Padre, Hijo y Espíritu Santo;

3. Nos gozamos en que nuestro Señor y Salvador Jesucristo se haya revelado en las Escrituras como totalmente Dios y totalmente humano, y cuya vida nos muestra el camino del verdadero discipulado, fue crucificado por nosotros y fue levantado de entre los muertos al tercer día para salvarnos de nuestros pecados;

LAS ESCRITURAS

4. Declaramos que las Escrituras del Antiguo y del Nuevo Testamento tienen autoridad suprema como la Palabra escrita de

Dios y que son completamente confiables para la fe y la conducta;

LA IGLESIA Y EL REINO

5. Creemos que la fe cristiana se entiende de mejor manera y se experimenta mejor dentro de la comunidad del pueblo de Dios llamado a ser sacerdotes unos de los otros, al leer y estudiar juntos las Escrituras. Agradecemos a Dios por todas aquellas personas que estudian la palabra de Dios y buscan poner en práctica sus enseñanzas de manera individual y colectiva dentro de una congregación.

6. Entendemos que nuestra adoración, misión, bautismo y celebración de la Cena del Señor dan testimonio gozoso de los grandes propósitos de Dios en la creación y la redención;

7. Creemos que nuestras iglesias congregantes, junto con otras iglesias cristianas verdaderas, son llamadas a ser testigos del Reino de Dios. Para ese fin oramos, trabajamos y esperamos el Reino de Dios mientras proclamamos su realidad presente y futura;

8. Declaramos que por medio del Espíritu Santo experimentamos interdependencia con aquellos que comparten este discipulado dinámico de la iglesia como el pueblo de Dios. Y como tal, afirmamos la vida familiar y el matrimonio cristiano;

9. Nos arrepentimos de no haber orado y trabajado lo suficiente para cumplir la oración de Cristo por la unidad de la iglesia. Nos comprometemos a orar y trabajar para avanzar en la unidad de los creyentes cristianos;

10. Afirmamos que el Bautismo de Creyentes por inmersión es la manera bíblica de declarar públicamente el discipulado para quienes se han arrepentido del pecado y han llegado a la fe personal en Jesucristo como Señor y Salvador;

LA OBRA DE CRISTO: EXPIACIÓN Y REDENCIÓN

11. Afirmamos la dignidad de cada persona, hombre y mujer, porque son creados a la imagen de Dios y llamados a ser santos. Reconocemos que estamos corrompidos por el pecado, lo cual trae como consecuencia la ira y juicio divinos;

12. Confesamos el sacrificio expiatorio de Cristo en la cruz,

quien murió en nuestro lugar, pagando el precio del pecado y derrotando al mal, quien por su amor reconcilia a los creyentes con nuestro amante Dios;

MAYORDOMÍA DE LA CREACIÓN DE DIOS

13. Proclamamos nuestro amor por el mundo creado de Dios y afirmamos nuestro compromiso con la mayordomía de la creación de Dios;

NUESTRA MISIÓN

14. Declaramos que Dios da dones espirituales a los creyentes, que son llamados a vivir una vida de adoración, servicio y misión. Estos dones son discernidos y confirmados por la comunidad reunida de creyentes;

15. Sabemos que en la Gran Comisión, cada creyente, dotado de poder por Dios, está llamado a ser un misionero, aprendiendo y compartiendo más de Cristo para que el mundo crea;

LIBERTAD RELIGIOSA Y JUSTICIA

16. Confesamos que la fe en Jesucristo implica un compromiso apasionado a favor de la libertad religiosa, la paz y la justicia.

17. Afirmamos que en Jesucristo todas las personas son iguales. Nos oponemos a cualquier forma de esclavitud, racismo, «apartheid» y limpieza étnica, y haremos todo lo que está en nuestro poder para confrontar y deshacer esos pecados;

Ahora, en esta reunión centenaria, declaramos estas cosas, afirmamos y hacemos pacto con el Señor Jesucristo y con cada cual, creyendo la verdad que se encuentra en Él, y revelada en las Escrituras. Nosotros, reconociendo que esta confesión de fe es parcial e incompleta, valientemente declaramos que creemos que la verdad se encuentra en Jesucristo de la forma en que ha sido revelado en las Sagradas Escrituras. Por nuestra fe y confianza en Él estamos resueltos a proclamar y demostrar esa fe a todo el mundo.

Amén y Amén.

Maranatha, ven, Señor Jesús, ven.

Unión Bautista Latino Americana

Desde 1930 muchos líderes y pastores de América Latina comenzaron a soñar con la unión de todos los bautistas del continente para cumplir con la Gran Comisión de nuestro Señor Jesucristo.

Durante los días del 4 al 7 de septiembre de 1975, en Lima (Perú) en el centro de retiros de Huampaní, 27 representantes de siete convenciones y cinco juntas misioneras, con el apoyo de la Alianza Mundial Bautista, resolvieron organizar la Unión Bautista Latinoamericana. Esta nueva organización estaría formada por todas las convenciones y uniones bautistas nacionales de América Latina y las Juntas misioneras.

Tendría los siguientes objetivos:

Cooperar con las Convenciones en la planificación del trabajo misionero, evangelístico, educacional y de otros ministerios.

Fomentar el compañerismo y el intercambio de ideas, experiencias, proyectos, problemas e inquietudes entre los bautistas latinoamericanos.

Lograr la cooperación de todas las Juntas y organizaciones misioneras internas y externas con las Convenciones nacionales.

Implementar proyectos específicos que difícilmente puedan realizarse por convenciones o juntas individualmente.

La Unión Bautista Latino Americana tendrá como organismo directivo una comisión permanente integrada por los representantes de las Convenciones y Juntas misioneras. Un año después, del 8 al 10 de Septiembre de 1976, en la ciudad de Cochabamba, Bolivia, se reunieron delegados de Argentina, Brasil, Bolivia, Colombia, Chile, Ecuador, Paraguay, Perú, México, Venezuela, y también representantes de La Misión Bautista Canadiense, la Junta de Misiones de Richmond, USA, la Misión Bautista Conservadora, la Comisión de Misiones Extranjeras de la Convención Bautista del Brasil y la Alianza Bautista Mundial. Cuando se procedió a votar, el voto fue unánime quedando constituida la Unión Bautista Latino Americana.

Para estudio y discusión

1. ¿Cuál es el origen histórico de los bautistas? ¿Qué acontecimientos históricos y religiosos influyeron en el origen y desarrollo de la denominación?

2. ¿Quiénes fueron Juan Smyth y Tomás Helwys? ¿Cuál fue su contribución al desarrollo de los bautistas en el siglo 17?

3. ¿Quiénes eran los bautistas particulares y los generales? ¿Qué creencias sostenían? ¿Cuáles eran las diferencias y las coincidencias?

4. ¿Cómo llegaron los bautistas al Nuevo Mundo o América? ¿Quién fue Roger Williams y cuál es su importancia para la iglesia bautista?

5. ¿Qué son las confesiones de fe y para qué sirven?

6. ¿Cuál es y ha sido la posición de la iglesia bautista sobre la unidad de la iglesia, mejor conocida como «ecumenismo»? ¿Qué importancia debe tener este concepto de ecumenismo para las iglesias bautistas? ¿Cuáles son algunas de las organizaciones en las cuales participamos?

Nota

1. Los otros dos son el establecimiento de la Sociedad Bautista Misionera en 1792 y la formación de la Unión Bíblica Bautista en 1923.

capítulo 2

La Iglesia: Una comunidad de creyentes

Introducción

El vocablo iglesia trae a nuestras mentes unas imágenes que responden a las experiencias con esa institución. La primera es el templo o el lugar donde un grupo de personas se reúne para adorar. Muchas veces hablamos de la reunión en la iglesia. En otras ocasiones pensamos en la reunión de los fieles en determinado lugar u ocasión. El domingo decimos que vamos para la iglesia cuando nos dirigimos para el culto del día. Usamos el nombre para referirnos a nuestras denominaciones o grupos. En otras ocasiones la describimos como una de las muchas instituciones que son parte de nuestra cultura.

Aunque usan el vocablo con esos mismos significados, los bautistas insisten que la iglesia se compone de personas y que ninguno de esos nombres responde a su verdadera naturaleza. El vocablo original se refiere a la asamblea de personas o aquellas que han sido convocadas. Los bautistas sostienen que la iglesia está compuesta de aquellas personas que han respondido a la convocatoria de Dios por medio de Jesucristo.

Las personas creyentes

Una iglesia bautista es una comunidad de creyentes a quienes les une la experiencia de salvación que han tenido por medio de la fe en Cristo Jesús. Toda persona que viene a formar parte de ella lo debe hacer por medio del testimonio del nuevo nacimiento confirmado en el bautismo. Se espera de la persona que pueda afirmar que ha creído en Jesucristo como su salvador personal y lo reconoce como el Señor de su vida (Jn 3.16; Hch 2.38, 4.12; 2 Co 5.17-19; 1 Jn 5.11-12).

Esa experiencia se debe manifestar en una nueva calidad de vida, o usando una frase del pasado, gente que ha sido regenerada. Esto es muy importante porque de otra manera la experiencia salvífica se puede interpretar exclusivamente como subjetiva y emocional, sin las implicaciones de la misma y el compromiso de servicio al ser humano (Mt 7.16-20; Ro 12.1-2; 2 Co 5.17).

La nueva relación entre la persona creyente y Dios tiene dos dimensiones. La primera es el crecimiento en términos de su intimidad con Jesucristo por medio de la adoración, meditación, oración y otras disciplinas espirituales. La segunda es su compromiso de obediencia a la voluntad divina, tratando de imitar el ejemplo de Aquel que le salvó y se dio a sí mismo por toda la humanidad en la cruz del Calvario.

La salvación de la persona creyente es el fruto de la acción de Dios en su vida por medio del Espíritu Santo cuando esa persona ha respondido en fe a la proclamación de Jesucristo como Salvador y Señor. No hay nada en el ser humano que amerite esa salvación porque llevamos la marca del pecado, que es herencia de toda la humanidad.

La experiencia cristiana es muy amplia y no hay forma de sistematizarla o establecer unos parámetros para ella. Jesús, tratando de explicar el nuevo nacimiento a Nicodemo, le dice que es como el viento, que vemos sus acciones, pero no sabemos de dónde viene ni adonde va (Jn 3.8). Dios se revela a los seres humanos en diferentes formas y maneras y les llama sin considerar su posición social, económica, género, raza, o edad. La experiencia de cada persona está condicionada por muchas cosas y situaciones y, por lo tanto, no se puede hacer juicio de la experiencia de otra persona o creer que la nuestra es normativa.

La experiencia cristiana de la persona creyente va cogida de la mano de un llamamiento divino a una obediencia radical a Jesucristo como Señor. Es una convocatoria a una lealtad por encima de todas, que incluye familia, sociedad, clases sociales y estructuras políticas o de gobierno.

Eso lo notamos en el llamado que Jesús hizo a sus primeros discípulos para que le siguieran. Ellos estuvieron dispuestos a dejar familia, trabajo y hogar (Mr 1.16-20; 2.13-14). Sus condiciones para seguirle requerían una disposición a hacer toda clase de sacrificio, como se lo explicó a los que se ofrecieron para seguirle, igual que al joven rico (Lc 9.57-62; 18.18-30).

Muchos cristianos y cristianas en los primeros siglos de la iglesia rehusaron rendir culto al emperador, aunque eso les costara la vida. Estos creyentes no reconocían otro Señor que Jesucristo, basándose en un antiguo himno bíblico:

> Por lo cual Dios también le exaltó hasta lo sumo, y le dio un nombre que es sobre todo nombre, para que en el nombre de Jesús se doble toda rodilla de los que están en los cielos, y en la tierra y debajo de la tierra; y toda lengua confiese que Jesucristo es el Señor, para gloria de Dios Padre (Fl 2.9-11).

La historia de la iglesia, incluyendo nuestros días, está llena del testimonio de hombres y mujeres que han sido fieles a esa obediencia sin importarles el costo.

La comunidad

Todas las personas en una iglesia bautista están unidas entre sí por medio de su mutua relación con Jesucristo. Ese vínculo debe llevarles a vivir en amor las unas con las otras, para formar la comunidad de creyentes. El Nuevo Testamento describe esa comunidad usando unas imágenes, tales como edificio, templo, cuerpo, novia, familia, ramas, rebaño y otras.

La Carta a los Efesios presenta la iglesia como la novia de Cristo (Ef 5.23, 26, 29-30, 32). En Romanos el apóstol Pablo se refiere a ella como el cuerpo de Cristo (Ro 12.4-5 1 Co 12.12, 14, 27). En Efesios 2.19-22 se le describe como un edificio y como una familia. Pedro alude a ella como el pueblo de Dios (1 P 2.9-10). No olvidemos que en muchos lugares en la Biblia se relaciona a los creyentes con la comunidad del Espíritu Santo (2 Co 13.13; Fl 2.1).

Hay tres cosas que se deben afirmar a la luz de esas imágenes. La primera es la importancia que la iglesia tiene en los propósitos divinos. La iglesia no es algo que podemos rechazar como si fuera otra institución social. El autor del libro a los Hebreos nos advierte en contra de abandonarla o hasta despreciarla (Heb 10.24-25). Hay que amarla a pesar de sus limitaciones, aun cuando se olvida de su dimensión divina y actúa como si fuera exclusivamente una institución humana.

Lo segundo es que la comunidad está fundamentada en la persona de Jesucristo. No es un ente separado del Salvador. Él es la vid en relación con las ramas; es el novio en relación con la novia; es el fundamento en relación con el edificio; y es la cabeza en relación con el cuerpo. Le da razón de ser y la alimenta y sostiene. Su existencia está supeditada a Cristo.

Lo tercero es que afirma la interrelación de la comunidad de creyentes. En la imagen del cuerpo humano usada por Pablo para referirse a la iglesia, éste estipula que una parte del cuerpo está íntimamente relacionada con todas las otras. Todo el cuerpo duele cuando una parte duele, y todas las partes son importantes, aun aquellas que podamos considerar de poco valor (1 Co 12.14-27).

Esa es la interrelación de amor que debe existir en la comunidad de creyentes. Los primeros bautistas en el siglo 17 también insistían en esa intimidad entre los miembros de una congregación. Algunas de sus confesiones de fe la afirmaban claramente, como podemos ver en los siguientes artículos de algunas de ellas.

> Que los miembros de cada iglesia o congregación deben conocerse los unos a los otros, de manera que puedan cumplir los deberes de amor de los unos hacia otros, tanto del alma como del cuerpo (Mt 18.15; 1 Tes 5.14; 1 Co 12.25). Y especialmente los ancianos [pastores] deben conocer todo el rebaño, donde el Espíritu Santo los ha hecho obispos (Hch 20.28; 1 P 5.2, 3). Y por lo tanto, ninguna iglesia debe consistir de una multitud que no

pueda tener conocimiento particular los unos de los otros (*Declaración de Fe de 1611,* Art. 16).

El hombre [sic] justificado por la fe vive y labora por amor (que el Santo Espíritu derramó en su corazón) en toda buena obra, en las leyes, preceptos y ordenanzas que Dios le ha dado por Cristo, él alaba y bendice a Dios por una vida santa para todo bien especialmente del alma, y todos son plantados del árbol de justicia del Señor quienes hacen honor a Dios por las buenas obras y esperan una bendita recompensa (*Corta Confesión de Fe de 1610,* Art. 21).

Y todos sus siervos [sic] son llamados para presentar sus cuerpos y almas y traer los dones que Dios les ha dado y habiendo venido, y cada uno está en sus diversas clases, lugares y acciones, estando todos bien convertidos y unidos entre sí, según la actividad propia de cada miembro para edificarnos en amor (*Confesión de Londres de 1644,* Art. 35).

La comunidad y las ordenanzas

Las iglesias bautistas históricamente han reconocido dos ordenanzas, aunque algunas confesiones de fe del siglo 17 incluyen el lavatorio de pies como una tercera. Prefieren abstenerse del uso de la palabra sacramento para referirse a ellas para evitar la connotación de que algo misterioso sucede en su práctica que las aleja del concepto bautista de que son símbolos de la experiencia del creyente. Las dos ordenanzas las ven en relación con la idea de la iglesia como la comunidad de creyentes.

El bautismo de creyentes

Si una iglesia bautista es la comunidad de creyentes, entonces el bautismo debe ser exclusivo para aquellas personas que puedan dar testimonio de esa fe. El bautismo es la puerta para entrar a formar parte del pueblo de Dios y, por lo tanto, no hay lugar para el bautismo de infantes o personas incrédulas.

> Por tanto, id, y haced discípulos a todas las naciones, bautizándolos en el nombre del Padre, y del Hijo, y del Espíritu Santo; enseñándoles que guarden todas las cosas que os he mandado; y he aquí yo estoy con vosotros todos los días, hasta el fin del mundo. Amén (Mt 28.19-20).

> Así que, los que recibieron su palabra fueron bautizados y se añadieron aquel día como tres mil personas. Y perseveraban en la doctrina de los apóstoles, en la comunión unos con otros, en el partimiento del pan y en las oraciones (Hch 2.41-42).

Esta era la actitud de los bautistas en el siglo 17. Miremos algunas de sus declaraciones.

> Que la iglesia de Cristo es la compañía de los fieles, bautizados después de la confesión de pecado y de fe, dotados con el poder de Cristo (*Corta Confesión de Fe,* Art. 12 en *XX Artículos de 1609*).

> Que la iglesia de Cristo es una compañía de gente fiel (1 Co 1.1; Ef 1) separada del mundo por la palabra y Espíritu de Dios (2 Co 6.17), estando unidos al Señor y los unos y los otros por bautismo (1 Co 12.13) sobre su confesión de fe (Hch 8.37) y pecados (Mt 3.6) (*Una Declaración de Fe de 1611*, Art.10).

> Que cada iglesia debe recibir sus miembros por bautismo sobre la confesión de su fe y pecados por la predicación del Evangelio, de acuerdo con la Institución Primitiva (Mt 28.19) y la práctica (Hch 2.41) y, por lo tanto, las iglesias organizadas de otra manera, o de cualquiera otras personas, no están de acuerdo con el Testamento de Cristo (*Una Declaración de Fe de los Ingleses* de 1611, Art. 13).

> Que Cristo tiene aquí en la tierra un Reino espiritual que es la Iglesia que ha comprado y redimido para sí, como una herencia especial: esa iglesia, como visible para nosotros, es una compañía de Santos visibles, llamados y separados del mundo, por la palabra y el Espíritu de Dios, a una visible profesión de fe en el Evangelio, bautizados en esa fe y unidos al Señor y los unos a los otros por mutuo acuerdo en la práctica participación de las ordenanzas encomendadas por Cristo, su cabeza y Rey (*Confesión de Fe de Londres de 1644*, Art. 33).

> Que aquellos que reciben la palabra de Dios predicada por el ministerio del Evangelio, y fueran bautizados de acuerdo con el Consejo de Dios en ese tiempo y día fueran de la visible iglesia de Dios (*Fe y Práctica de Treinta Congregaciones de 1651*, Art. 50).

La forma de bautizar—la inmersión—no está basada en este principio, sino en otro que, como hemos dicho, tiene que ver con la Biblia.

El bautismo desde la perspectiva bíblica

El bautismo de Juan

Partimos de la idea de que el bautismo de Juan es precursor del bautismo practicado por los discípulos y también por la Iglesia Primitiva. Hay una relación entre el uno y el otro, pero también hay unas diferencias muy marcadas.

El Bautista bautizaba mirando hacia el futuro, esperando la llegada del reino, mientras que con Jesús se da la llegada del reino y se afirma una nueva época. El evangelista Juan lo expresa así:

> El siguiente día vio Juan a Jesús que venía a él, y dijo: «He aquí el Cordero de Dios que quita el pecado del mundo. Este es aquel de quien yo dije: Después de mí viene un varón, el cual es antes de mí; porque era primero que yo.

> Y yo no le conocía; mas para que fuese manifestado a Israel, por esto vine yo bautizando con agua» (Jn 1.29-31).

La segunda distinción es la relación con el Espíritu Santo que será una señal del bautismo futuro. En Lucas 3.16 dice:

> Y respondió Juan, diciendo a todos: «Yo a la verdad os bautizo en agua, pero viene uno más poderoso que yo, de quien no soy digno de desatar la correa de su calzado, Él os bautizará en Espíritu Santo y fuego».

Marcos presenta la idea de la relación futura del bautismo con el Espíritu Santo por medio del descender de la paloma sobre la persona de Jesús. También le añade la voz que expresa complacencia ante la acción de Jesús de someterse al bautismo.

> Aconteció en aquellos días, que Jesús vino a Nazaret de Galilea, y fue bautizado por Juan en el Jordán. Y luego, cuando subía del agua, vio abrirse los cielos, y al Espíritu como paloma que descendía sobre él. Y vino una voz de los cielos que decía: «Tú eres mi Hijo amado; en ti tengo complacencia» (Mr 1.9-11).

Lucas presenta los frutos dignos de todos los días:

> Y ya también el hacha está puesta a la raíz de los árboles; por tanto, todo árbol que no da buen fruto se corta y se echa al fuego. Y la gente le preguntaba, diciendo: Entonces, ¿qué haremos? Y respondiendo, les dijo: El que tiene dos túnicas, dé al que no tiene; y el que tiene qué comer, haga lo mismo. Vinieron también unos publicanos para ser bautizados, y le dijeron: Maestro, ¿qué haremos? El les dijo: No exijáis más de lo que os está ordenado. También le preguntaron unos soldados, diciendo: Y nosotros, ¿qué haremos? Y les dijo: No hagáis extorsión a nadie, ni calumnies; y contentaos con vuestro salario (Lc 3.9-14).

Sintetizamos las enseñanzas del Nuevo Testamento sobre el bautismo de Juan de la manera siguiente. El bautismo de Juan requería como condición el arrepentimiento y la confesión de pecado. Como fruto, requería una vida nueva. Se diferencia del bautismo posterior en la iglesia por el hecho de ser un preludio al futuro, mientras que el otro (el de Juan) era la afirmación de la presencia del futuro en la iglesia y el mundo. También se diferenciaba porque el bautismo posterior (en la iglesia) sería con el Espíritu Santo.

Haremos dos observaciones respecto al bautismo de Juan. La primera es que debemos cuidarnos de un bautismo que sea exclusivamente de agua o de forma y no de transformación por la presencia del Espíritu Santo. Temo que la experiencia de Efeso es más común en medio de nuestras iglesias de lo que parece.

> Aconteció que entre tanto que Apolos estaba en Corinto, Pablo, después de recorrer las regiones superiores, vino a Efeso, y hallando a ciertos discípulos, les dijo: ¿Recibisteis el Espíritu Santo cuando creísteis? Y ellos le dijeron: Ni siquiera hemos oído si hay Espíritu Santo. Entonces dijo: ¿En qué, pues, fuísteis bautizados? Ellos dijeron: En el bautismo de Juan. Dijo Pablo: Juan bautizó con bautismo de arrepentimiento, diciendo al pueblo que creyesen en aquel que vendría después de él, esto es, en Jesús el Cristo. Cuando oyeron esto, fueron bautizados en el nombre del Señor Jesús. Y habiéndoles impuesto Pablo las manos, vino sobre ellos el Espíritu Santo; y hablaban en lenguas, y profetizaban (Hch 19.1-6).

Lo segundo es cuidarnos de un bautismo de tradición. Juan advierte a algunos de los que se acercaban que no podían depender del hecho de ser hijos de Abraham. El bautismo no se gana por herencia (ser hijo de cierta familia), o por socialización (ha estado toda la vida en la iglesia).

> Haced, pues, frutos dignos de arrepentimiento, y no

> comencéis a decir dentro de vosotros mismos: Tenemos a Abraham por padre; porque os digo que Dios puede levantar hijos a Abraham aun de estas piedras (Lc 3.8).

El bautismo en los Evangelios

Jesús habla del bautismo como símbolo de su muerte.

> Entonces Jesús les dijo: No sabéis lo que pedís. ¿Podéis beber del vaso que yo bebo, o ser bautizados con el bautismo con que yo soy bautizado? Ellos dijeron: Podemos. Jesús les dijo: A la verdad, del vaso que yo bebo, beberéis, y con el bautismo con que yo soy bautizado, seréis bautizados; pero el sentaros a mi derecha y a mi izquierda, no es mío darlo, sino a aquellos para quienes está preparado por mi Padre (Mt 20.22-23; Mr 10.38-40).

Además lo usa como un medio de defensa al hacer referencia al bautismo de Juan. Entrampa, con su pregunta sobre su precursor, a sus adversarios y logra ponerlos a la defensiva. Es una afirmación de la persona y ministerio de Juan.

Debemos notar que de Jesús se dice que Él no bautizaba, sino sus discípulos.

> Cuando, pues, el Señor entendió que los fariseos habían oído decir: Jesús hace y bautiza más discípulos que Juan (aunque Jesús no bautizaba, sino sus discípulos), salió de Judea, y se fue otra vez a Galilea (Jn 4. 1-3).

Esto responde a lo que el evangelista Juan había dicho en textos anteriores respecto al hecho de que tanto el Bautista como Jesús estaban bautizando en diferentes lugares al mismo tiempo.

> Después de esto, vino Jesús con sus discípulos a la tierra de Judea, y estuvo allí con ellos y bautizaba. Juan bautizaba también en Enón, junto a Salim, porque había allí muchas aguas; y venían, y eran bautizados (Jn 3.22-23).

Cuando Jesús se sometió al bautismo fue un reconocimiento a Juan y también su identificación con el pueblo. Era el único bautismo que no era de arrepentimiento, sino de declaración de su misión. La voz del cielo y la paloma eran símbolos de que el mismo era de consagración a una tarea en favor del ser humano.

Su comisión final en los evangelios incluye la misión de bautizar a todos los que respondieron al evangelio.

> Y les dijo: Id por todo el mundo y predicad el evangelio a toda criatura. El que creyere y fuere bautizado, será salvo; mas el que no creyere, será condenado (Mr 16.15-16).

Jesús no enseñó mucho sobre el bautismo, pero su participación en el mismo al principio de su ministerio y su mandato después de la resurrección nos debe llevar a la conclusión de que era algo importante para él y, por lo tanto, lo debe ser para su Iglesia. Su declaración a Nicodemo también le da importancia al mismo.

> Respondió Jesús: De cierto, de cierto te digo, que el que no naciere de agua y del Espíritu, no puede entrar en el reino de Dios (Jn 3.5).

El bautismo en los Hechos de los Apóstoles

Los apóstoles veían el bautismo de Juan como un punto de partida del ministerio de Jesús.

> Es necesario, pues, que de estos hombres que han estado juntos con nosotros todo el tiempo que el Señor Jesús entraba y salía entre nosotros, comenzando desde el bautismo de Juan hasta el día en que de entre nosotros fue recibido arriba, uno sea hecho testigo con nosotros, de su resurrección (Hch 1.21-22).

> Vosotros sabéis lo que se divulgó por toda Judea, comenzando desde Galilea, después del bautismo que predicó Juan: cómo Dios ungió con el Espíritu Santo y con

> poder a Jesús de Nazaret, y cómo éste anduvo haciendo bienes y sanando a todos los oprimidos por el diablo, porque Dios estaba con él (Hch 10.37-38).

Lo reconocían, además, como un bautismo de arrepentimiento.

> Antes de su venida, predicó Juan el bautismo de arrepentimiento a todo el pueblo de Israel (Hch 13.24).

Después Pablo se encontró con un grupo que no había recibido el Espíritu Santo porque habían sido bautizados en el bautismo de Juan (Hch 19.1-6).

Las experiencias de bautismos en el libro de Hechos son muy diversas. Veamos.

- Pedro en su primer sermón explica el bautismo.

> Pedro les dijo: Arrepentíos, y bautícese cada uno de vosotros en el nombre de Jesucristo para perdón de los pecados; y recibiréis el don del Espíritu Santo. Porque para vosotros es la promesa, y para vuestros hijos, y para todos los que están lejos: para cuantos el Señor nuestro Dios llamare. Y con otras muchas palabras testificaba y les exhortaba, diciendo: Sed salvos de esta perversa generación. Así que, los que recibieron la palabra fueron bautizados; y se añadieron aquel día como tres mil personas (Hch 2.38-41).

Eso incluye arrepentimiento como requisito, y el perdón de pecados y el don del Espíritu Santo como resultados. El mismo se da en el nombre de Jesús.

- En Samaria, en el capítulo 8.4-25, se dan otras circunstancias. Se bautizó un grupo de samaritanos bajo la predicación de Felipe con el mensaje «del evangelio del reino de Dios y el nombre de Jesucristo». Luego vienen otros apóstoles y oran por ellos porque no habían recibido el Espíritu Santo. En ese capítulo se da la historia del eunuco etiope, cuyo bautismo es libre de alusión al Espíritu Santo.

■ La promesa a Pablo es de recibir la vista y ser lleno del Espíritu Santo. Luego, en el recuento de su experiencia, habla de lavar sus pecados.

Y al momento le cayeron de los ojos como escamas, y recibió al instante la vista; y levantándose, fue bautizado (Hch 9.18).

Ahora, pues, ¿por qué te detienes? Levántate y bautízate, y lava tus pecados, invocando su nombre (Hch 22.16).

■ El caso de Cornelio es diferente porque reciben primero el Espíritu Santo, que se manifiesta en el hablar lenguas y la alabanza, y luego son bautizados.

Mientras aún hablaba Pedro estas palabras, el Espíritu Santo cayó sobre todos los que oían el discurso. Y los fieles de la circuncisión que habían venido con Pedro se quedaron atónitos de que también sobre los gentiles se derramase el don del Espíritu Santo. Porque los oían que hablaban en lenguas y magnificaban a Dios. Entonces respondió Pedro: ¿Puede acaso alguno impedir el agua, para que no sean bautizados estos que han recibido el Espíritu Santo también como nosotros? (Hch 10.44-47).

■ En el capítulo 16 se reporta el bautismo de Lidia y el del carcelero. A Lidia el Señor «le abrió el corazón» y «fue bautizada con su familia». Al carcelero le hablaron la palabra y luego se bautizó con toda su casa. Aquí se da una de las controversias con los pedobautistas—aquellos que bautizan niños—por la posibilidad de que hubiera niños en la familia. Esto se da también con Crispo, en Hechos 18.8: «Y Crispo, el principal de la sinagoga, creyó en el Señor con toda su casa, y muchos de los corintios,

> oyendo, creían y eran bautizados».

En ninguno de estos casos hay referencia al Espíritu Santo, imposición de manos o alguna otra señal externa.

Hay algunas cosas en el libro de los Hechos que debemos enumerar. Algunas requerirán estudio más profundo y especializado.

- Hay una diversidad de experiencias asociadas con el bautismo, que incluyen la imposición de manos, recepción del Espíritu Santo y la manifestación del mismo, lo que luego Pablo llamó los dones del Espíritu.
- El bautismo va precedido de una experiencia que solamente podemos asociar con creyentes. Ya hemos llamado la atención a los textos que hacen alusión a la familia.
- Es siempre respuesta a un mensaje, aunque el contenido sea diverso en su expresión.
- Hay unas expresiones posteriores que testifican de un cambio en las personas.
- Los apóstoles lo consideraban un asunto que estaba ligado al ministerio de Jesús. Nunca parece ser un asunto opcional.

El bautismo en el resto del Nuevo Testamento

Romanos 6.1-14 es la expresión teológica de Pablo respecto al bautismo. Lo vamos a ver cuando hablemos del significado del bautismo.

En la carta a la iglesia de Corinto, que siempre tiene muchos problemas, Pablo alega no haber bautizado a muchos y enumera aquellos a quiénes les había administrado el rito.

> Doy gracias a Dios de que a ninguno de vosotros he bautizado, sino a Crispo y a Gayo, para que ninguno diga que fuistéis bautizados en mi nombre. También bauticé a la familia de Estéfanas; de los demás no sé si he bautizado

> a algún otro. Pues no me envió Cristo a bautizar, sino a predicar el evangelio; no con sabiduría de palabras, para que no se haga vana la cruz de Cristo (1 Cor 1.14-17).

En esa misma epístola Pablo usa la figura del éxodo para afirmar que todos los israelitas fueron bautizados en la nube y en el mar.

> Porque no quiero, hermanos, que ignoréis que nuestros padres todos estuvieron bajo la nube, y todos pasaron el mar; y todos en Moisés fueron bautizados en la nube y en el mar, y todos comieron el mismo alimento espiritual, y todos bebieron la misma bebida espiritual, porque bebían de la roca espiritual que los seguía, y la roca era Cristo. Pero de los más de ellos no se agradó Dios; por lo cual quedaron postrados en el desierto (1 Cor 10.1-5).

Me parece que en estos textos Pablo se está defendiendo de unos hermanos que le estaban dando una importancia, más allá de lo necesario, al bautismo. Es posible que ellos estuvieran diciendo: «Ya me bauticé y, por lo tanto, lo que haga de ahora en adelante no tiene importancia». Pablo está advirtiendo que no todo el que ha sido bautizado está agradando a Dios.

Posteriormente, en 1 Corintios 12.13, señala: «Porque por un solo Espíritu fuimos todos bautizados en un cuerpo, sean judíos o griegos; sean esclavos o libres; y a todos se nos dio a beber de un mismo Espíritu». En 1 Corintios 12.13 Pablo usa el símbolo del bautismo para enfatizar la unidad de la iglesia. Aquí lo presenta como la entrada a la comunidad de creyentes.

En el capítulo 15, versículo 29, dice: «De otro modo, ¿qué harán los que se bautizan por los muertos, si en ninguna manera los muertos resucitan? ¿Por qué, pues, se bautizan por los muertos?». Aquí se habla del bautismo por los muertos. Me parece que esa es otra de las aberraciones de esa iglesia de Corinto.

Pablo, el teólogo principal de su época, es aquel que toma la experiencia del bautismo y le da forma, aunque la diversidad de las iglesias con las cuales trabaja lo obliga a moverse desde la defensiva de la primera parte de la carta a los Corintios hasta las afirmaciones positivas de Romanos, Gálatas y Colosenses.

Significado del bautismo

Sabemos que la palabra bautizo es una transliteración de un vocablo griego que describe el proceso por el cual una persona u objeto es completamente sumergido en agua y se vuelve a sacar. El acto del bautismo representa una amenaza a la vida por medio de la muerte. Es librado de la muerte por medio de la resurrección. Es la idea de que el pecado mata al pecador y Jesucristo resucita al creyente a una nueva vida.

También es una identificación con Jesús en su muerte y luego con Él en la vida a la cual nos convoca.

Es bien importante que los bautistas vayamos más allá de afirmar que el bautismo es una orden de Jesús, una ordcnanza, y veamos la riqueza que el Nuevo Testamento presenta y profundicemos en sus implicaciones. Los autores de las epístolas nuevamente tuvieron la encomienda de desentrañar su significado e implicaciones para la vida cristiana y para la iglesia. Veamos algunas ideas que nos pueden ayudar a darle al bautismo un significado que va más allá de una forma o práctica externa sin profundidad alguna.

- El bautismo es la certeza de nuestra fe.

> Mirad que nadie os engañe por medio de filosofías y huecas sutilezas, según las tradiciones de los hombres, conforme a los rudimentos del mundo y no según Cristo. Porque en él habita corporalmente toda la plenitud de la Deidad, y vosotros estáis completos en él, que es la cabeza de todo principado y potestad. En él también fuisteis circuncidados con circuncisión no hecha a mano, al echar de vosotros el cuerpo pecaminoso carnal, en la circuncisión de Cristo; sepultados con Él en el poder de Dios que le levantó de los muertos (Col 2.8-12).

Pablo usa la imagen del bautismo para afirmar a los hermanos en su fe ante los embates de las filosofías del momento, que se habían colado en la vida de la iglesia y de aquellos que esperaban que los cristianos se sometieran a reglas de comida y de costumbres antiguas, tales como la circuncisión.

- El bautismo es símbolo de nuestra relación de intimidad con Cristo.

> ¿O no sabéis que todos los que hemos sido bautizados en Cristo Jesús, hemos sido bautizados en su muerte? Porque somos sepultados juntamente con él para muerte por el bautismo, a fin de que como Cristo resucitó de los muertos por la gloria del Padre, así también nosotros andemos en vida nueva. Porque si fuimos plantados juntamente con él en la semejanza de su muerte, así también lo seremos en la de su resurrección; sabiendo esto, que nuestro viejo hombre fue crucificado juntamente con él, para que el cuerpo del pecado sea destruido a fin de que no sirvamos más al pecado...Y si morimos con Cristo, creemos que también viviremos con él; sabiendo que Cristo, habiendo resucitado de los muertos, ya no muere; la muerte no se enseñorea más de él. Así también vosotros consideraos muertos al pecado, pero vivos para Dios en Cristo Jesús, Señor nuestro (Ro 6.8-9, 11).

La vida cristiana solamente se puede dar en Cristo y por eso es que Pablo usa tan frecuentemente la expresión «en Cristo». Un exégeta dice que usa esta forma, o formas relacionadas, 164 veces. Jesús usa la idea de la imagen de las ramas y la vid. Mantenernos unidos a Cristo es lo que nos permite una vida cristiana firme y creciendo sin una lista de reglas impuestas desde afuera, las cuales se convierten en una carga.

Pablo usa la expresión en muchas ocasiones, pero basten algunas muy conocidas como ejemplo:

> Con Cristo estoy juntamente crucificado, y ya no vivo yo, mas vive Cristo en mí; y lo que ahora vivo en la carne, lo vivo en la fe del Hijo de Dios, el cual me amó y se entregó a sí mismo por mí (Ga 2.20).

Todo lo puedo en Cristo que me fortalece (Flp 4.13).

Pablo no podía concebir que alguien en esa relación con Cristo pudiera vivir en el pecado. Esa es su contestación a quienes insisten que la salvación por la fe era una doctrina que abría la puerta al libertinaje.

En Romanos 6 se nos habla de que cada bautismo es una repetición de lo que le sucedió a Jesucristo. Al ser sumergida la persona creyente expresa la muerte y la sepultura de Jesús y sale resucitado con Cristo. Recordemos que Cristo asoció el bautismo con su muerte y por eso Pablo podía hacerlo en esa porción bíblica.

> Entonces Jesús les dijo: No sabéis lo que pedís. ¿Podéis beber del vaso que yo bebo, o ser bautizados con el bautismo con que yo soy bautizado? Ellos dijeron: Podemos. Jesús les dijo: A la verdad, del vaso que yo bebo, beberéis, y con el bautismo con que yo soy bautizado, seréis bautizados (Mr 10.38-39).

> De un bautismo tengo que ser bautizado, y ¡cómo me angustio hasta que se cumpla! (Lc 12.50).

Vivir en Cristo es vivir la vida resucitada, que es la liberación del pasado, gracia para el presente y esperanza para el futuro.

Pablo usa la palabra que significa unidos por crecimiento. Estamos, como creyentes, creciendo con Cristo porque Él es el tronco y nosotros los injertos.

- El bautismo también es símbolo de una nueva ética.

> Porque todos los que habéis sido bautizados en Cristo, de Cristo estáis revestidos (Ga 3.27).

Pablo aquí toma otra metáfora que es la de la vestimenta. Alguien ha dicho que la palabra representa tomar el carácter o el lugar de la otra persona. Hay una identificación con lo que uno se pone. Toda su apariencia cambia y es una nueva criatura.

En Colosenses Pablo usa la idea de la vestidura en relación con una forma de vida.

> Haced morir, pues, lo terrenal en vosotros: fornicación, impureza, pasiones desordenadas, malos deseos y avaricia, que es idolatría; pero ahora dejen también vosotros todas estas cosas: ira, enojo, malicia, blasfemia, palabras deshonestas de vuestra boca. No mintáis los unos a los otros, habiéndoos despojado del viejo hombre con sus hechos, y revestidos del nuevo, el cual conforme a la imagen del que le creó, se va renovando hasta el conocimiento pleno. Vestíos, pues, como escogidos de Dios, santos y amados, de entrañable misericordia, de benignidad, de humildad, de mansedumbre, de paciencia; soportándoos unos a otros, y perdonándoos unos a otros si alguno tuviere queja contra otro. De la manera que Cristo os perdonó, así también hacedlo vosotros. Y sobre todas estas cosas, vestíos de amor, que es el vínculo perfecto (Col 3.8-10, 12-14).

En Marcos 10:38-39 Jesús hace un llamado a la humildad y al servicio como parte de la lealtad al Señor. Nuestra vida está moldeada por la nueva relación con Jesús.

En 1 Pedro 3.21 se nos advierte:

> El bautismo que corresponde a esto ahora nos salva (no quitando las inmundicias de la carne, sino como la aspiración de una buena conciencia hacia Dios) por la resurrección de Jesucristo.

Se habla de una buena conciencia. Aquí se nos describe el bautismo en forma positiva y negativa. La intención no es lavarse de la suciedad externa como si fuera un mero rito, sino como una lealtad total a los propósitos divinos.

Necesitamos pensar en todas las implicaciones del bautismo. Es una afirmación de nuestra fe; es una relación de intimidad con el

Cristo resucitado que nos lleva a una calidad de vida bajo el señorío total de Jesucristo.

¿Ordenanza o sacramento?

Entre los bautistas ha habido una discusión centenaria sobre dos vocablos o términos, los cuales son *ordenanza* y *sacramento*.

Si es ordenanza, es el cumplimiento de un mandato basado en Mateo 28.19-10:

> Por tanto, id y haced discípulos a todas las naciones, bautizándolas en el nombre del Padre, y del Hijo, y del Espíritu Santo; enseñándoles que guarden todas las cosas que os he mandado; he aquí yo estoy con vosotros todos los días hasa el fin del mundo. Amén.

Entonces damos la impresión de que el bautismo es un rito sin las implicaciones profundas de la intimidad con Cristo y la nueva criatura. Si hablamos de sacramento como un rito ajeno al poder de la gracia de Dios y de la fe de la persona creyente, también estamos haciendo referencia a una experiencia artificial y falsa.

Si pensamos en sacramento, señalan Schaff y Herzog, es como algo que «es consagrado, un juramento, especialmente un juramento militar de lealtad a una norma; y también la cantidad de dinero que el demandante y el demandado depositan en corte antes de un juicio y que se mantenía en un lugar sagrado».

Si el bautismo significa el momento cuando prometemos total lealtad a Jesucristo, y lo vemos como símbolo de que nuestra vida está escondida con Cristo en Dios, como dice Pablo, hasta la consumación de los tiempos, entonces la palabra sacramento tiene mucho que clarificar. Y si la palabra ordenanza tiene la connotación de una total obediencia a Jesucristo bajo la gracia del Espíritu Santo, entonces tiene mucho valor para darnos el significado del bautismo. Me parece, sin embargo, que son dos palabras que podemos eliminar de nuestro vocabulario religioso sin perder mucho. Podemos hablar de celebrar bautismos en lugar de hablar de celebrar el sacramento o la ordenanza del bautismo.

Todo lo que hemos señalado del bautismo como afirmación de fe, intimidad con Cristo y una nueva vida basada en la lealtad a Jesucristo, se puede sintetizar en las palabras del autor del libro de Hebreos:

> Así que hermanos, teniendo libertad para entrar en el Lugar Santísimo por la sangre de Jesucristo, por el camino nuevo y vivo que él nos abrió a través del velo, esto es, de su carne, y teniendo un gran sacerdote sobre la casa de Dios, acerquémonos con corazón sincero, en plena certidumbre de fe, purificados los corazones de mala conciencia, y lavados los cuerpos con agua pura. Mantengamos firme, sin fluctuar, la profesión de nuestra esperanza, porque fiel es el que prometió. Y considerémonos unos a otros para estimularnos al amor y a las buenas obras; no dejando de congregarnos, como algunos tienen por costumbre, sino exhortándonos; y tanto más, cuanto veis que aquel día se acerca (He 10.19-25).

Implicaciones del bautismo

Necesitamos—tanto a nivel denominacional como local—repensar la práctica del mismo para restaurarlo al lugar que le corresponde en la misión y tarea de la iglesia.

Enfatizamos en los siguientes tres puntos:

1. El bautismo es nuestra afirmación de confesión. Estamos testificando de un encuentro personal con el Cristo que murió y resucitó por nosotros. Uno de los errores que podemos cometer en nuestras clases de candidatos es dar la impresión de que la fe cristiana es solamente una afirmación de algunas doctrinas y ser fiel a algunas prácticas éticas. La preocupación mayor de la iglesia debe ser si la persona ha entendido la experiencia de la salvación.

Es bien importante que se explique a la persona recién convertida lo que significa el arrepentimiento, el perdón de pecados y la presencia del Espíritu Santo en su vida, en el presente y en el futuro. Hay muchas personas que están llegando a la iglesia buscando ayuda para los problemas de familia y de otra índole. Jesús se ha convertido en un «resuélvelo todo» y no en el Salvador y Señor. Privilegiamos el término «Salvador» y descuidamos un tanto el de «Señor». Afirmar el término «Señor» implica someter todo lo que somos, hacemos y tenemos a Su voluntad: «ya no vivo yo, mas Cristo vive en mí» (Ga 2.20).

Muchas veces el mensaje de los predicadores parece más uno de venta de un producto y no una afirmación del Evangelio, que es que Cristo murió por nuestros pecados y resucitó para nuestra salvación. En Él hay perdón de pecado y vida eterna.

Ese mensaje y su relación con el bautismo se describen en la epístola de Tito de la forma siguiente:

> Pero cuando se manifestó la bondad de Dios nuestro Salvador, y su amor para con los hombres [sic], nos salvó, no por obras de justicia que nosotros hubiéramos hecho, sino por su misericordia, por el lavamiento de la regeneración y por la renovación en el Espíritu Santo, el cual derramó en nosotros abundantemente por Jesucristo nuestro Salvador (Tit 3.4-6).

2. El bautismo es nuestra consagración. El bautismo es la ordenación de todo el pueblo de Dios para cumplir el ministerio. Es dedicación al servicio en el mundo para la transformación del mismo en el Reino de los cielos. Eso coloca a todos los miembros de la iglesia en el mismo nivel. Eso representa una vida resucitada y transformada. Una vida con un compromiso vertical y horizontal.

> Si, pues, habéis resucitado con Cristo, buscad las cosas de arriba, donde está Cristo sentado a la diestra de Dios. Poned la mira en las cosas de arriba, no en las de la tierra (Col 3.1-2).

Es una consagración al servicio y una calidad de vida que es contraria a las categorías de este mundo. Vivimos, como iglesia, siguiendo las ideas de nuestra sociedad en lugar de seguir a Jesús.

Eso es lo que Jesús dice cuando asocia su muerte con el bautismo y reprocha a los discípulos por buscar el mejor lugar.

3. El bautismo es la participación de la comunidad de Cristo. Todavía hay iglesias que creen que una cosa es ser bautizado y otra ser miembro de la iglesia. El bautismo es la puerta a la comunidad de creyentes. Esta es una gente comprometida y no gente congregada. Somos un cuerpo y no una institución.

Lo siguiente es una ilustración de lo que debe ser la experiencia de bautismo en nuestras congregaciones.

> Era un día bastante caliente en los últimos días de septiembre cuando nos reunimos alrededor del pequeño lago para celebrar el bautismo de Janet Brown y darle la bienvenida a nuestra familia. Empezamos cantando y orando y leyendo el Salmo 23. Entonces, mientras Janet hacía sus votos bautismales, cada uno de nosotros reafirmó nuestra lealtad a Jesucristo y nos dedicamos a sostener y educar a Janet en su fe. Nos acercamos y la rodeamos, mientras ofrecíamos nuestras intercesiones a su favor. Su abuela, que ansiosamente había esperado ese día, oró emocionada, en acción de gracias. Entonces se ofreció la oración de gratitud sobre las aguas. «Dios precioso, nuestro creador, te damos gracias por el don de esta agua. Tú nos formaste a nosotros y a este mundo de las aguas oscuras del caos. Una y otra vez, tú nos has protegido cuando hemos pasado por las aguas oscuras y nos has traído a la luz. Recordamos el diluvio y tu promesa de gracia sellada con el arcoíris. Recordamos la huida de tu pueblo de Egipto y cómo los llevaste a la libertad a través del mar. «Recordamos a Jesús y la forma como fue protegido por el agua en el vientre de María. Recordamos a Jesús, bautizado por nosotros en el río Jordán al principio de su ministerio que trajo buenas nuevas a los pobres. Recordamos a los discípulos y la forma en la cual ellos compartieron en el bautismo de la muerte y resurrección de Jesús y salieron a hacer discípulos a través del mundo.

«Venimos hoy delante de ti, oh Dios, agradecidos por la promesa y poder del agua. Oramos que tu Santo Espíritu bendiga este don del agua y que bendiga a Janet que lo va a recibir. Lávala en tu amor y vístela en tu paz como una que ha muerto y ha resucitado a una nueva vida en Cristo». Janet y yo caminamos lentamente hasta el medio del lago. Cuando se terminó el bautismo, la multitud de vecinos, amigos y familiares empezaron a reír y aplaudir, mientras los niños saludaban. Entonces le entregaron una vela encendida, mientras le decían: «Janet, recibe la luz de Cristo. Jesús dijo: Yo soy la luz del mundo. El que me sigue, no andará en tinieblas. Que tu luz alcance este mundo de maneras que otros vean tus buenas obras y conozcan la gloria de Dios en el cielo». Todos inclinamos nuestras cabezas para la oración final: «Amoroso Dios, te damos gracias por resucitar a Janet a una nueva vida por el bautismo y liberarla del poder del pecado. Derrama tu Santo Espíritu sobre ella y dale sabiduría, fortaleza y gozo en su nueva vida en Jesucristo. Amen». La celebración terminó con postre en la casa de la finca. Fue un gozo recibir entre nosotros a una nueva hermana y ser testigos de su profesión de fe. Cada nueva vida añadida a nuestra comunidad nos hace agradecidos por el don que se nos ha dado.

La práctica del bautismo

Todas las decisiones sobre doctrina o sobre práctica de los bautistas originales estuvieron fundamentadas en el estudio cuidadoso de las Escrituras. Una de esas prácticas fue el bautismo. Las comunidades bautistas llegaron a la conclusión de que la Escritura enseña que la iglesia se compone de personas creyentes bautizadas. Luego, guiados por la misma Escritura, llegaron a la convicción de que la inmersión era la forma correcta de bautizar. Su enseñanza era que la misma seguía el ejemplo de Cristo y de la iglesia primitiva y que era la mejor que representaba el símbolo que querían comunicar.

En el capítulo 28 del evangelio de Mateo encontramos las palabras de Jesús antes de su ascensión, palabras que nos emplazan a que proclamemos el Evangelio. Esa declaración se conoce como La Gran Comisión. En esa corta declaración se nos convoca a predicar, a proclamar por todo el mundo, pero también se nos instruye a bautizar a las personas que se conviertan y a enseñarles todas las cosas relativas a la fe. Así que el bautismo aparece como una ordenanza o mandato del Señor que es vital para poder formar parte de la Iglesia.

Puerta de entrada a la iglesia

Los bautistas entendemos el bautismo como un corolario del principio de la comunidad de creyentes y de la comunidad de la Biblia. Sostenemos que el bautismo es la puerta de entrada a la iglesia, apoyándoos en el pasaje bíblico de Hechos-42:

> Así que, los que recibieron su palabra, fueron bautizados; y se añadieron aquel día como tres mil personas.

En esta porción vemos claramente que para ser «añadido» a la iglesia, primero hay que recibir la Palabra y luego bautizarse.

La Corta Confesión de Fe, en su artículo 121, establece:

> Que la Iglesia de Cristo es la compañía de los fieles, bautizados después de la confesión de pecado y de fe, dotados con el poder de Cristo.

En *Una Declaración de Fe* (1611), su artículo 13 lee:

> Que cada iglesia debe recibir a sus miembros por bautismo sobre la confesión de su fe y pecados por la predicación del Evangelio, de acuerdo con la Institución Primitiva (Mt 28.19), y la práctica (Hch 2.41), y por lo tanto, las iglesias organizadas de otra manera, o por cualquier otras personas, no están de acuerdo con el Testamento de Cristo.

La Confesión de Treinta Congregaciones (1651), apunta:

> Que aquellos que reciben la palabra de Dios predicada por el ministerio del Evangelio, y fueran bautizados de acuerdo con el consejo de Dios en ese tiempo y día, fueran de la visible Iglesia de Dios.

Las preguntas que se le hacen al candidato o a la candidata al bautismo tienen el propósito de llevarles a manifestar públicamente su reconocimiento de Jesucristo como Señor y Salvador. Estas son: ¿Has creído en Cristo como tu salvador? ¿Prometes serle fiel todos los días de tu vida?

La Biblia nos indica que hay dos tipos de personas: (1) Las salvas: aquellas que han aceptado por fe a Jesucristo como su salvador personal; aquellas que han nacido de nuevo y que han sido salvadas por la gracia de Dios y no por sus propias obras; y (2) las no salvas: aquellas que no han nacido de nuevo y que viven en su pecado y maldad. Cuando leemos la Biblia encontramos que todos los que fueron bautizados primeramente fueron salvados. Por lo tanto, tenemos que concluir que la salvación es requisito *sine qua non* para el bautismo.

Nadie debe ser bautizado porque está enfermo, por razón de su edad, pero tampoco se le puede negar el bautismo por estas mismas razones, o por razones sociales o familiares. El bautismo requiere que la persona pueda contestar que sí a las preguntas que se le hacen durante el bautismo.

Propósito del bautismo

Primero repasemos lo que no hace el bautismo. El bautismo no quita el pecado, ni salva (Tit 3.5). Tampoco hace algo para asegurarnos la salvación. La base de nuestro bautismo es el arrepentimiento. Quiere decir que el mandato al arrepentimiento es primero que la ordenanza de bautizarse. Es el arrepentimiento lo que trae salvación.

El propósito del bautismo, según Pablo nos enseña en Romanos 6.3-4, consiste en que al bautizarnos estamos declarando dos verdades fundamentales de nuestra fe:

1. la muerte de Cristo: Cristo murió por nuestros pecados (1 Co 15.3);
2. la resurrección de Cristo (1 Co 15.4).

Karl Barth, posiblemente el más grande teólogo del siglo 20, dice que el bautismo es «una representación, un sello, una señal, un prototipo, una sombra, una copia y un símbolo de nuestra redención». Añade que «esa redención significa una completa justificación delante de Dios, un completo perdón de pecados y una completa consagración al servicio de Dios».

La manera bíblica

Algunas tradiciones usan el bautismo por aspersión; otros sumergen solamente la cara; otros sumergen tres veces hacia atrás, y otros sumergen hacia el frente. Sin embargo, los bautistas nos hemos hecho la pregunta: ¿Cuál es la manera bíblica de bautizar?

Al hablar de la forma o manera tenemos que recordar Romanos 6.4-6:

> Por tanto, hemos sido sepultados con Él por medio del bautismo para muerte, a fin de que como Cristo resucitó de entre los muertos por la gloria del Padre, así también nosotros andemos en novedad de vida. Porque si hemos sido unidos a Él en la semejanza de su muerte, ciertamente lo seremos también en la semejanza de su resurrección, sabiendo esto, que nuestro viejo hombre fue crucificado con Él, para que nuestro cuerpo de pecado fuera destruido, a fin de que ya no seamos esclavos del pecado...

Pablo dice que al bautizarnos somos sepultados con Cristo en su muerte y que también resucitamos a una nueva vida. Este símbolo de muerte y resurrección se puede encontrar mucho mejor en el bautismo por inmersión. Sabemos que la palabra bautismo es una transliteración del griego de un vocablo que describe «el proceso por el cual una persona u objeto es completamente sumergida en agua y se vuelve a sacar».

Además, Cristo nos dejó el ejemplo en su propio bautismo. Mateo 3.13-17 nos relata que Cristo *subió de* las aguas después de ser bautizado. En su bautismo Jesús representa gráficamente su muerte, su entierro y su resurrección, dejándonos ejemplo para que lo sigamos. (Véase Hechos 8.36-39).

Los primeros bautistas del siglo 17 bautizaban por aspersión. Sin embargo, ya en los primeros años de la década del 1640, entre 1638 y 1644, la inmersión era reconocida como la práctica correcta y el mejor símbolo del significado del bautismo. Así lo expresaron los bautistas particulares en el 1644 y los generales en 1651:

> La forma y manera de celebrar esta ordenanza, dice la Escritura, que debe ser sumergido o lanzado todo el cuerpo bajo agua. Siendo esto una señal, debe corresponder con aquello que significa, que son las siguientes: primero el lavamiento de toda el alma en la sangre de Cristo; segundo, el interés que los santos tienen en la muerte, sepultura y resurrección; tercero, junto con una confirmación de nuestra fe, que ciertamente como el cuerpo es enterrado bajo el agua y se levanta, de esa manera los cuerpos de los santos serán levantados por el poder de Cristo, en el día de la resurrección para reinar con Cristo (*Confesión de Londres,* Art. 40).

> Que la forma y manera de bautizar tanto antes de la muerte de Cristo, y desde su resurrección y ascensión, era entrar al agua y ser bautizado (*Treinta Congregaciones,* Art. 48).

Significado e implicaciones del bautismo

1. Identificación con Cristo en su muerte y resurrección (Mt 3.13-17),

2. Certeza de nuestra fe (Col 2.8-12). Jesucristo es Dios y hemos resucitado con Él. Ni a nuestro Salvador, ni a nuestra salvación les falta nada.

3. Símbolo de relación íntima con Cristo (Ro 6.3, 8-9, 11; Fl 4.13). Mantenernos unidos a Cristo nos permite una vida cristiana firme. En Él tenemos fortaleza.

4. Símbolo de una nueva ética (Gl 3.27; Col 3.8-10, 12-14). El bautismo implica una nueva forma de vivir, unos nuevos valores, una vida apartados de lo que desagrada a Cristo, a quien estamos unidos.

Concluimos el tema del bautismo afirmando que este es una ordenanza para todas aquellas personas que han aceptado a Cristo como su Salvador. Esa experiencia no sólo hace al creyente parte del cuerpo de Cristo, sino que también es un testimonio de fe en quien se ha creído. El bautismo es importante en la Biblia y así mismo debe serlo para la iglesia.

La Santa Cena

La Santa Cena es la otra de las dos ordenanzas que tenemos los bautistas y, por lo tanto, debemos saber lo que significa y el por qué lo hacemos.

La Santa Cena es una ordenanza que se celebra en obediencia al Señor (1 Cor 11.23; Lc 22.19). Es un símbolo externo de la comunión con Cristo y de los fieles entre sí en fe y amor. En ella establecemos nuestra identidad como pueblo y afirmamos la continuidad del pacto. Por eso la cena se repite una y otra vez, y el bautismo es un acontecimiento único. Renovamos nuestro fundamento, que está basado en el acto grandioso de Dios en Cristo Jesús.

¿Para quiénes es la Santa Cena?

Los bautistas afirmamos que la Santa Cena es exclusiva para personas creyentes, que tengan la capacidad de examinar su conciencia (1 Cor 11.27-29). Por eso decimos que la invitación es para personas bautizadas en una iglesia cristiana o evangélica, y en buenas relaciones con una congregación local. Esto excluye a visitantes, profesantes y a personas que no están caminando bien con el Señor.

La invitación a la Santa Cena no es a perdón de pecados –si somos creyentes ya hemos sido perdonados—, sino a renovación del pacto «en memoria de mí». Es más que recordar; es hacer realidad otra vez, es revivir, ese acontecimiento extraordinario. Esto no le hace sentido a quienes no son creyentes; por eso se insiste en que hayan creído en Jesucristo. Además, no tenemos evidencia bíblica de que se haya administrado la Santa Cena a personas no bautizadas.

Sin embargo, no nos corresponde a nosotros decidir quién es y quién no es creyente, digno de sentarse a la mesa del Señor, como si tuviéramos el derecho a juzgar y a adueñarnos de la mesa. Esto es un asunto de conciencia y de fe que está más allá de nuestra autoridad. Por eso es importante hacer las salvedades y advertencias de rigor que nos presenta Pablo en 1 Corintios 11.27-28. Debemos recordar que es la mesa del Señor y, que en última instancia, Él recibe a quien él quiere.

Significado de la Santa Cena

- Es celebración de esperanza—«Hasta que Él venga», o hasta que nos sentemos a la mesa en el Reino de los cielos (Lc 22. 16-18).
- Es tiempo de confesión, tanto individual como colectiva o congregacional.
- Afirmamos nuestra identidad como pueblo de Dios y afirmamos la continuidad del pacto: «Este es el nuevo pacto...».
- Los elementos son símbolos de realidad de salvación:

Pan–cuerpo de Cristo, molido, clavado y resucitado; Vino–sangre de Cristo, derramada por todos los creyentes, nos lava y limpia del pecado.

- Se celebra en el contexto de la adoración de la iglesia en la cual la Palabra ha sido proclamada y las oraciones de la comunidad de fe nos preparan para ella.

¿Cómo y cuándo?

La Cena se administra dentro del contexto de la adoración porque ésta nos provee el tiempo y el espacio para la preparación espiritual, tal como la confesión de pecado, como lo aconseja Pablo (1 Cor 11.27-29), recordando que el perdón del Señor está siempre disponible para la persona creyente. No obstante, como mencionamos anteriormente, debemos cuidarnos de que la Santa Cena no se convierta exclusivamente en un ejercicio de «perdón de pecados» o de atribuirle esa virtud.

Los primeros bautistas acostumbraban anunciar la Santa Cena por lo menos una semana antes, para que los creyentes se prepararan espiritualmente. Además, los cultos de la semana servían de preparación para la gran celebración de la Santa Cena.

Los primeros tres evangelios—Mateo 26. 26-29; Marcos 22.22-25; Lucas 22.14-20—nos dan una pista de cómo debemos celebrar la Santa Cena.

- Bendición de los elementos. Regularmente tenemos una oración por el pan y el vino. A veces se ora por ambos; otras, por cada uno por separado. Sin embargo, realmente lo que hacemos es «dar gracias», y no «bendecimos».
- Acción de gracias. Damos gracias por Jesucristo, por su vida, por su sangre, por su salvación.
- Compartir los elementos. Se reparten el pan y el vino a los participantes. Puede hacerse de diversas formas, todas correctas siempre que se conserve la reverencia—que no significa caras largas y acongojadas, pues sabemos que ya Jesucristo venció la muerte—. Por el contrario, esta es una ocasión festiva, de celebración de nuestra salvación y redención.

Al servir la Santa Cena, la persona oficiante debe incluir tanto varones como mujeres. Tampoco debe excluirse a nadie por edad. La mesa del Señor no es lugar de exclusión—ni para tomarla ni para servirla—por razones de género, edad, raza, o ninguna otra consideración. Recordemos que nosotros y nosotras somos invitados, pero la mesa es del Señor y Él no hace acepción de personas. El único requisito es que la persona confiese a Jesucristo como su salvador.

La costumbre de la Iglesia Primitiva era participar de la Cena cada día del Señor, que era el domingo cuando se reunían para la adoración. Muchas iglesias cristianas y evangélicas la sirven semanalmente—los discípulos de Cristo, los luteranos, inclusive algunos bautistas. La práctica más común, al menos en Puerto Rico y en Estados Unidos, es servirla una vez al mes, en un domingo determinado. Sin embargo, de acuerdo con nuestro principio de gobierno congregacional, es la iglesia local la que decide cuán frecuentemente la servirá.

No obstante, no debemos descuidar esta celebración y dejarla al azar o gusto de la congregación. El pastor o la pastora deben educar a su congregación sobre lo que es apropiado con respecto a la Santa Cena.

Afirmamos que en la Santa Cena hay cinco hilos que entrelazan o entretejen la experiencia:

1. Recordación. Recordamos la institución de Jesús y el nuevo pacto.
2. Comunión de los fieles. Es tiempo de koinonía y fraternidad.
3. Sacrificio. Conmemoramos el sacrifico de Cristo.
4. Unidad. La Iglesia del Señor se sienta alrededor de la mesa, de toda raza, tribu, nación, edad, sin límites.
5. Cena del Reino. Anticipamos la Cena de las Bodas del Cordero en la misma presencia de Dios.

¿Quién oficia estas ordenanzas?

La persona que oficie debe ser aquella que el Señor ha separado para su ministerio por medio de su iglesia, que en lenguaje bautista es la persona ordenada o el pastor o pastora de la congregación. Sin embargo, en el caso de una iglesia sin liderato pastoral y sin posibilidades de conseguir una persona ordenada que venga y les ayude, la congregación local puede autorizar a un diácono o diaconisa para oficiar la Santa Cena.

Aquí entran otros de nuestros principios—el sacerdocio universal del creyente y la iglesia de laicos. Esto no se debe convertir en una costumbre, sino en una excepción para ministrar a la congregación, especialmente cuando por razones de distancia es difícil conseguir a un oficiante ordenado.

Para estudio y discusión

1. ¿Qué es una comunidad de creyentes? ¿Quiénes son creyentes? ¿Qué es necesario para ser creyente?
2. ¿Por qué los bautistas solamente bautizamos personas creyentes? ¿Por qué afirmamos que el bautismo es para creyentes y no para adultos?
3. ¿Cuál es el propósito del bautismo?
4. Explique el significado de «el bautismo es la puerta de entrada a la iglesia».
5. ¿Por qué decimos que el bautismo es símbolo de «una nueva ética»?
6. ¿Cuál es la base para afirmar y practicar el bautismo de creyentes por inmersión?
7. ¿Qué significa la Santa Cena en una iglesia bautista? ¿Cuándo se celebra la Santa Cena en una iglesia bautista? ¿Quiénes pueden participar de la misma? ¿Quiénes pueden oficiarla?

capítulo 3

La Iglesia: Una comunidad de la Biblia

Introducción

La comunidad de creyentes necesita, como toda comunidad, unas bases para sostener sus principios y sus creencias. También necesita directrices para organizarse y requisitos para aquellas personas que han venido a ser parte de ella. Los bautistas encontramos todo eso en la Biblia o Sagradas Escrituras. Ese énfasis en la Biblia ha hecho que nos conozcamos como «la gente del Libro». Los bautistas enfatizamos que la Biblia, y especialmente el Nuevo Testamento, es la única autoridad en materia de fe y práctica. Nos debemos conocer por la expresión «la Biblia dice…».

La Biblia en las Confesiones de fe

Los primeros bautistas en el siglo 17 le imprimieron su respaldo al uso de la Escritura para establecer sus ideas. En la *Corta Confesión de 1610* escribieron:

> La doctrina que dichos ministros deben proponer al pueblo es la misma que Cristo trajo de los cielos, que él, por palabra y obra, esto es, por doctrina y vida, ha enseñado, que fue predicada por los apóstoles de Cristo, por el mandamiento de Cristo y el Espíritu, que encontramos escrito (lo que sea necesario para nuestra salvación) en las Escrituras del Nuevo Testamento, por lo tanto, también

> aplicamos lo que encontramos en los libros canónicos del Viejo Testamento, que tiene afinidad y veracidad en la doctrina de Cristo y sus apóstoles, y la anuencia y de acuerdo con el gobierno de su Reino Espiritual (Art. 27).

Un año después, en 1611, en *Una Declaración de Fe*, afirman el mismo principio de la siguiente manera:

> Que las escrituras del Viejo y Nuevo Testamento están escritas para nuestra instrucción (2 Tim 3.16), que debemos escudriñarlas porque testifican de Cristo (Jn 5.29). Y por lo tanto, para ser usadas con reverencia, como conteniendo la Santa Palabra de Dios, que es nuestra única dirección en todas las cosas (Art. 23).

La Confesión de Londres de 1644, una de las más influyentes en el pensamiento posterior del grupo bautista de tendencia calvinista, expresaba la importancia de la Biblia en los artículos 7 y 8 de la misma, a saber:

> La regla de este conocimiento, fe y obediencia, respecto a la adoración y servicio a Dios y todos los otros deberes cristianos, no son invenciones humanas, opiniones, proyectos, leyes, constituciones o tradiciones no escritas, sino solamente la palabra de Dios encontrada en las escrituras canónicas (Art. VII).
>
> En esa Palabra escrita Dios plenamente ha revelado lo que Él ha pensado necesario para nosotros saber, creer y conocer respecto a la naturaleza y obra de Cristo, en quien todas las promesas son Sí y Amén para la alabanza de Dios (Art. VIII).

Los bautistas de tendencias arminianas asumieron una posición parecida en el 1651 en la confesión que se conoce como la de *Las Treinta Congregaciones:*

> Que el único fundamento de la Iglesia de Dios son las doctrinas de los apóstoles o profetas, que emanan de Jesucristo, la piedra angular, sobre la cual este pueblo o cualquier otro deben ser edificados como templo de Dios (Art. 51).

Los bautistas, a través de los siglos y en todos los países del mundo, se han aferrado a ese principio.

Implicaciones del principio

El principio de la Biblia como única regla de fe y práctica debemos afirmarlo en todo lo que hacemos. Debe convertirnos en estudiosos constantes de las Escrituras, pues es la única manera de ser fiel al principio. No hay lugar para analfabetas bíblicos dentro de una congregación bautista. Debemos darle prioridad al estudio bíblico y a la escuela bíblica en el programa de la iglesia.

La Escritura se debe estudiar con el entendimiento de que no es un ídolo o fetiche que sirve para otras cosas que no sea aquella para la cual el Espíritu Santo la inspiró, esto es, para revelarnos la voluntad de Dios. No podemos ser ignorantes de su contenido, pero tampoco podemos serlo de las investigaciones modernas respecto a su formación y transmisión. No debemos tener ningún temor de que sea sometida a juicio por la civilización presente porque ella ha resistido y resistirá todo embate de la filosofía y la ciencia.

La Biblia no necesita que la defendamos, sino que la aceptemos como el medio por el cual Dios nos habla y que la obedezcamos porque es la Palabra de Dios. Al estudiarla no podemos eliminar nuestra capacidad intelectual, pues eso nos evita que seamos manipulados por personas ignorantes o sin escrúpulos. Tenemos que acostumbrarnos a leer y escuchar la Biblia como lo que somos: un pueblo que tiene el Espíritu en su medio y que está llamado a «escudriñarlo todo y retener lo bueno».

Los bautistas somos llamados y llamadas a afirmarnos en el estudio serio, constante y a la expectación de cosas nuevas de la Biblia. Eso incluye el reto para los exponentes del mensaje divino para usarla como el recurso por excelencia y no un libro para respaldar sus ideas favoritas.

Debemos usar la Biblia para enfrentarnos a nuevas situaciones como cristianos y cristianas particulares o como comunidad de creyentes. La búsqueda de la voluntad divina en la Escritura debe ser responsabilidad de las personas creyentes y no puede limitarse al pastorado. El pastor o la pastora tiene la responsabilidad de ayudar a la congregación en el estudio y la comprensión de la Escritura, pero nunca debe ser una persona que reclame autoridad final e inapelable. De esa manera el estudio bíblico deja de ser transmisión de ideas o conocimientos de parte de una autoridad para unos oyentes dóciles y se convierte en una experiencia de compartir y crecer como pueblo de Dios.

Los bautistas estamos llamados y llamadas a colocar la Biblia en el centro de la adoración, la predicación, la enseñanza, la arquitectura y los asuntos administrativos. Debe ser colocada al centro, además, en la responsabilidad evangelística, misionera, social, política y económica de cada creyente. Esa es la razón por la cual en una iglesia bautista el púlpito está en el centro, y sobre este, la Biblia abierta. La Biblia debe convertirse en el centro de la vida de cada persona creyente.

Interpretación

Los bautistas reconocen que la Biblia requiere una interpretación seria para evitar excesos que en muchas ocasiones han llevado a prácticas que han avergonzado a toda la comunidad cristiana. Reconocen que una aceptación ciega de ciertos pasajes bíblicos puede llevar a situaciones que traicionen las enseñanzas y el espíritu de amor de Jesucristo el Señor.

Lo primero que debemos recordar es que toda interpretación bíblica tiene que partir del reconocimiento de que Cristo es Señor de la Escritura y, por tanto, la misma debe dar testimonio de Él. Debemos aceptar que su mensaje, enseñanzas, ejemplo y espíritu son la clave para entender el significado del resto de la Biblia. La misma Escritura lo expresa en Juan 5.39. Ninguna interpretación bíblica puede ir en contra de eso. Toda enseñanza bíblica debe mirar a Cristo como el centro, el principio y el pináculo de toda revelación. Eso lo expresa claramente el capítulo primero de Hebreos en los versículos 1 al 4.

Lo segundo que debemos tener en mente es que la Biblia es un libro dinámico y que constantemente nos está abriendo nuevos caminos y posibilidades. El Espíritu Santo está en medio de la iglesia para guiarnos a las nuevas verdades que la Biblia encierra. Cristo hizo eso claro en la promesa de la venida del Espíritu Santo (Jn 14.26; 16.13). El Espíritu enseñará, recordará y guiará a toda verdad, pero no hablará por su propia cuenta, sino que también dará testimonio de Jesucristo.

Los bautistas debemos ser como el escriba del cual habló Jesucristo, que de su tesoro saca cosas nuevas y cosas viejas (Mt 13.51-52). La Biblia debe ser estudiada con una apertura hacia nuevas posibilidades para la persona o la iglesia o para confirmarnos en lo que creemos o practicamos.

Si no nos abrimos a la dirección del Espíritu Santo corremos el riesgo de convertirnos en una comunidad basada en la tradición, que no es otra cosa que aceptar la autoridad última de las personas que vivieron en años anteriores y que Dios no tiene nada nuevo que revelar a su pueblo.

Al mismo tiempo, si no juzgamos todo a la luz de la Escritura, como los creyentes de Berea (Hch 17.10-12), nos arriesgamos a ser veletas movidas por todo viento de doctrina que se asome en el horizonte teológico de este mundo. La última moda teológica no es necesariamente la correcta, sino que hay que evaluarla a partir de la Biblia. No podemos decir que Dios ya no tiene nada nuevo que decir, pero tampoco podemos afirmar que todo lo nuevo es necesariamente revelación divina.

Lo tercero que debemos tener en mente es que la Biblia se escribió dentro de la comunidad de creyentes, tanto el Antiguo como el Nuevo Testamento y, por lo tanto, debe interpretarse dentro de esa misma comunidad. Dios también se nos revela por medio de aquellas personas que están tratando de hacer la voluntad divina. Eso evita que nos creamos que somos dueños y dueñas de toda la verdad bíblica.

En la Segunda Epístola de Pedro, el autor nos dice que la

Escritura no es para interpretación privada porque no fue escrita por interés de los autores, sino por la inspiración del Espíritu Santo (2 Pd 1.19-21). Ninguna revelación se da para bienestar de una persona, sino para la edificación del pueblo de Dios. Eso quiere decir que en una congregación Dios puede hablar por medio de cualquier creyente. Eso incluye a aquellas que no están presentes, y por medio de sus escritos sabemos de sus interpretaciones. Sin embargo, no pueden ser autoridades finales para nuestras interpretaciones.

Resumimos afirmando tres principios. Primero, que Dios se revela en Cristo, por el Espíritu Santo, la comunidad de creyentes y la naturaleza. Segundo, que la Biblia es la autoridad escrita y objetiva de nuestra fe y prácticas. Tercero, que una interpretación bíblica seria y responsable acepta la centralidad de Jesucristo, reconoce la presencia reveladora del Espíritu Santo y que se da dentro de la iglesia y para edificación de todo el pueblo de Dios.

excursus

Un tesoro aquí…
La Biblia para la persona creyente

Miriam Z. Gutiérrez

Introducción

La Biblia es el libro de la Iglesia de Jesucristo y la Iglesia es el pueblo del libro. La conversión—experimentar arrepentimiento y hacer pública confesión de fe—se produce por el impacto de esa palabra antigua y nueva, sencilla y compleja, dulce y amarga, tierna y dura, en el corazón y vida de una persona.

Tan pronto hacemos profesión de fe o nos convertimos, se nos recomienda que comencemos a leer y estudiar la Biblia. ¿Cómo lo hacemos? ¿Cómo nos acercamos a este libro maravilloso para encontrar en él—como dice el himno—«la divina voluntad de Dios» para nuestra vida? ¿Qué es la Biblia? ¿Cómo se formó y llegó hasta nosotros y nosotras? ¿Quién la escribió? ¿Cuándo? ¿Dónde?

¿Qué es la Biblia?

El vocablo *Biblia* nos viene del idioma griego, y significa «una biblioteca». La Biblia, en realidad, es una colección de libros. Está compuesta por dos testamentos, que en hebreo significa alianza o pacto—el antiguo pacto o alianza y el nuevo pacto. El Antiguo Testamento, la primera parte de la Biblia, está compuesta por 39 libros y el Nuevo Testamento por 27, para un total de 66 libros canónicos. La Biblia es algo más que un libro: es un mundo de aventuras—la de un pueblo objeto de la pasión de Dios—, que nos permite entrar en él y participar de esa aventura.

La Biblia contiene temas y géneros literarios muy variados. El Antiguo Testamento o Biblia Hebrea, por ejemplo, contiene cinco libros sobre la ley; doce sobre historia; cinco libros poéticos y diecisiete sobre profetas, escritos en el idioma hebreo. El Nuevo Testamento contiene cuatro evangelios; un libro de historia, que es la segunda parte de uno de los evangelios; veintiuna cartas o epístolas y un apocalipsis, escritos todos en griego koiné, la lengua popular de la época. Todo su contenido es un testimonio, una buena nueva o noticia, formado por detalles históricos y verdaderos.

El Antiguo Testamento prepara a la humanidad para la venida del Mesías, luego de relatar cómo entró el pecado en el mundo, lo que hace necesario la encarnación de un Salvador. Describe de varias formas y maneras al único Dios vivo y verdadero. En el Antiguo Testamento se anuncian las promesas y en el Nuevo se cumplen. Lo que se inicia en el hermoso libro de Génesis se culmina y completa en el prometedor libro de Apocalipsis o Revelación.

El Nuevo Testamento presenta a Jesucristo como cumplimiento de la promesa del Mesías. Nos cuenta su nacimiento, su vida, su ministerio, sus obras, su muerte sacrificial por la humanidad y su gloriosa resurrección de los muertos. Además, nos revela la transformación que sucede en las personas que reciben esa salvación por la fe. El Nuevo Testamento anuncia, asimismo, la segunda venida y el establecimiento del Reino de Dios—un mundo perfecto y eterno.

Esta biblioteca compuesta de Antiguo y Nuevo Testamento se redactó en un período de algunos mil cuatrocientos años. Este dato nos señala hacia la variedad de estilos literarios, de teologías, de culturas, de lenguajes, de costumbres, etc. Por lo tanto, al leerla y estudiarla es importante situar cada uno de estos elementos de tiempo y cultura en que se redactó.

La revelación de Dios en Cristo, según la encontramos en el libro de Hebreos 1.1-2, es la autoridad sobre la que basamos nuestras creencias religiosas. La Biblia es el testimonio escrito de esa revelación extraordinaria que Dios le ha dado a los seres humanos. Es la palabra de Dios que viene de Dios, comunicada a los seres humanos a través de los profetas y los apóstoles. Por eso afirmamos que es revelación divina.

La Biblia es la manera que tenemos de conocer la voluntad de Dios; para saber lo que Dios hizo y lo que eso significa para la persona creyente. Creemos que es la instrucción de Dios en todo lo que afirma, por lo tanto, obedecemos todos sus requerimientos como mandamientos de Dios, y atesoramos todo lo que Dios nos ha prometido.

Cuando afirmamos que la Biblia es la palabra de Dios no estamos diciendo que Dios habló a través de Mateo y Jeremías de la misma manera. Sus personalidades y sus pensamientos no fueron invalidados o violados; no escribieron mecánicamente como si estuvieran tomando dictado. Estas personas escribieron desde sus propias circunstancias y situaciones particulares. La Biblia es una mezcla de la inspiración divina mediada por la experiencia humana.

¿Cómo se formó la Biblia?

Realmente la Biblia no es un solo libro, ni se escribió toda al mismo tiempo ni por la misma persona. Cuando esos hombres fueron inspirados por Dios para escribir estas cosas, ya existía una tradición oral, que pasaba de generación en generación, por boca de los mayores y de las personas que se dedicaban a conservar la historia de su pueblo en la memoria colectiva. Algunos de ellos posiblemente fueron testigos de las cosas que escribieron, como es el caso de algunos libros del Nuevo Testamento.

Este maravilloso libro de vida que conocemos como la Biblia fue escrito por alrededor de cincuenta escritores independientes unos de otros, de cerca de veinte oficios diferentes, de alrededor de diez países distintos. Originalmente se usaron tres idiomas de la época—hebreo, arameo y griego. Se mencionan 2,930 personajes; contiene 1,189 capítulos y 31,173 versículos, usando para ello más de tres millones de letras. Se discuten todos los temas y géneros literarios posibles—historia, poesía, prosa, romance, misterio, biografía, ciencia, entre muchos otros.

Como ya hemos mencionado, la Biblia fue escrita por diversas personas a través de las edades. Mayormente judíos de nacionalidad, entre sus autores podemos encontrar reyes, legisladores, hombres de estado, pastores de ovejas, pescadores, sacerdotes, profetas, médicos, fabricantes de carpas, agentes de rentas internas, etc. Esta variedad de profesiones y oficios le añade una riqueza extraordinaria a este libro tan espectacular.

La Biblia que conocemos y tenemos hoy nos ha llegado a través de un proceso conocido como «canon». El canon es una lista de los escritos sagrados o libros que pertenecen a las Sagradas Escrituras y que han sido reconocidos y aceptados por la Iglesia Cristiana como autoridad suprema para fe y conducta. Establecer este canon fue un desarrollo de un largo período de tiempo y de muchos debates entre el liderato religioso de los primeros siglos del cristianismo. Ya para el siglo IV d.C.—y aunque ya existía el término—se oficializa el canon y su contenido como lo encontramos hoy.

Escritores y traductores

Como ya hemos visto, el español o castellano no fue uno de los idiomas originales de la Biblia. Sin embargo, hoy podemos leerla cómodamente en la misma lengua que usamos para conversar con nuestros seres queridos, en la que nos enseñan en la escuela y en la que se predica en nuestras iglesias. ¡Gracias al Señor podemos leerla y entenderla en nuestro idioma vernáculo!

Esto es posible debido a la maravilla de la traducción. A través de la historia de la Iglesia Cristiana ha habido hombres y mujeres que han puesto todo su empeño, talento y devoción en convertir las palabras del hebreo y del griego a nuestro familiar y común español o castellano, al igual que a otros idiomas nativos.

Este libro que tanto amamos y que nos hace tanto bien, ha sido traducido a más de dos mil idiomas, que cubre alrededor de un 90 por ciento de los habitantes del mundo. Este trabajo es el resultado de nuestra convicción de que es Palabra de Dios, por lo tanto, afirmamos que toda persona que habite en este universo, debe escucharla y entenderla en su propio idioma.

Traducir no es fácil, especialmente cuando se trata de la palabra y mensaje de Dios. Al traducir se tienen que tomar en cuenta el trasfondo cultural y las estructuras sociales, políticas y judiciales de la época cuando se escribieron originalmente. Para nosotros y nosotras hoy día, por ejemplo, el ojo de una aguja es la apertura por la que introducimos la hebra de hilo del instrumentito que usamos para coser la ropa. En el mundo de Jesús (Mt 19.24), el ojo de la aguja podía tener más de un significado: la apertura del instrumento para coser o una pequeña puerta de entrada a través de las murallas que protegían la ciudad.

Es importante saber que los idiomas o lenguajes representan maneras o modos del pensamiento, de cómo se ven y entienden las cosas, de la cosmovisión del parlante o escritor. Debemos tener en mente que aunque el hebreo, el arameo y el griego son instrumentos o portadores del mensaje divino, son palabras humanas y no celestiales.

¿Por qué no se escribió la Biblia en un solo lenguaje? Ya lo mencionamos –la revelación divina se dio a través de un largo período de tiempo, por diversas personas, en diversos lugares—Palestina, Italia, Grecia, Asia Menor y Egipto—y en diferentes tiempos.

Por ejemplo, el Antiguo Testamento está escrito en hebreo, que era la lengua del pueblo cuando entró a la Tierra Prometida. Sin embargo, con el pasar del tiempo los israelitas adoptaron otras lenguas de países vecinos. Por eso algunas porciones del Antiguo Testamento están escritas en arameo. Cuando el Evangelio vino a ser proclamado en el mundo mediterráneo, el griego era el lenguaje común, y por eso los libros del Nuevo Testamento se escribieron en griego.

Otro asunto de interés es que muchos libros son anónimos—o sea, que el escritor no se identifica—, y no sabemos quién los escribió. Los títulos y autores de la mayoría de estos escritos fueron añadidos posteriormente, ya que no formaban parte del texto original.

Sin embargo, la Iglesia Cristiana a través de las edades, y las personas cristianas de este tiempo y lugar, continuamos afirmando que las Escrituras contienen y expresan todo el consejo de Dios sobre todo lo que es necesario para la fe.

¿Qué encontramos en la Biblia?

Las páginas de la Biblia ofrecen datos únicos sobre la historia, particularmente del Oriente Medio, aunque la Biblia no es un libro de historia. El valor lingüístico de la Biblia es extraordinario. El Nuevo Testamento se considera el único texto existente del koiné, el griego popular. Contiene un tesoro de sabiduría ética; esto es, enseña a las personas a vivir honestamente (Proverbios, Sermón del Monte, cartas paulinas, y otros.). La Biblia, a pesar de los años desde su comienzo—más de dos mil—sigue siendo un libro eficaz para cambiar vidas.

El texto bíblico es antiguo y moderno al mismo tiempo. Siempre es nueva y enfoca en las relaciones, y no tanto en reglas o leyes. Sólo a través de sus páginas encontramos a la persona de Jesucristo y conocemos sus enseñanzas y obra. El Espíritu Santo nos ayuda en su comprensión, por lo tanto, podemos abrir sus páginas y leer y recibir la Palabra de Dios.

¿Cómo debemos leerla?

A la Palabra de Dios nos acercamos con reverencia. Dios nos habla y nosotros y nosotras escuchamos atentamente. Cuando oramos, nosotros hablamos con Dios, pero cuando leemos la Biblia o cuando se predica, Dios nos habla a nosotros y nosotras.

Debemos hacerlo en comunión con la Iglesia (1 Ped 1.20). Todo aprendizaje comienza en una comunidad –el hogar, la escuela, la iglesia—y esto es cierto también con la Biblia.

Tenemos que leerla con «nuevos espejuelos», tratando de evitar que nuestros prejuicios, ideas preconcebidas, influencias externas y otras consideraciones de cualquier naturaleza, nos impidan encontrar en ella la verdad de Dios, el mensaje actualizado para nuestro tiempo y contexto que podemos descubrir en sus páginas.

Nos acercamos a la Biblia con honestidad; allí vamos a encontrar la Verdad. Esto nos invita a estudiar toda la Escritura. Hacerlo selectivamente—tomando textos aislados—puede ser peligroso para la persona creyente. Su lectura debe inducirnos a la acción, a hacer lo que ella nos enseña y manda, a ser imitadores del Señor de la Biblia, Jesucristo.

Las Escrituras—otro nombre para la Biblia—se leen partiendo de la persona de Jesucristo. Él es la clave para leerla y entenderla. El mismo Señor Jesús nos dice que «las Escrituras dan testimonio de mí» (Jn 5.39). Entonces, para comprender la Biblia necesitamos conocer a Jesucristo. Lo que leemos en ella tiene que estar de acuerdo con la persona misma de Jesucristo—sus enseñanzas y su vida—. Esta premisa nos ayudará en la seria tarea de interpretar las Escrituras.

Conclusión

Dios se ha revelado a los seres humanos desde el principio de los tiempos. A través de muchas personas y maneras nos ha comunicado su voluntad. La Biblia recoge todas esas voces, todas esas verdades, todos los mandamientos y todas las promesas. Ella nos presenta a la persona de Jesucristo, quien es «el Camino, la Verdad y la Vida».

Las Escrituras contienen todo lo que necesitamos saber para conocer a Dios y a su Hijo. Nos instruye para que podamos vivir vidas abundantes y buenas. Describe cómo todo fue creado y nos anuncia que Jesucristo volverá a establecer su Reino para siempre.

La Biblia es un libro completo; un libro de vida para el presente y un libro de esperanza para el futuro. Es, definitivamente, «un tesoro aquí…».

Preguntas para discusión

1. ¿Qué afirmamos los bautistas de la Biblia? ¿Qué lugar ocupa la Biblia en la denominación bautista?

2. ¿Qué dicen las confesiones de fe del siglo 17 de la Biblia?

3. ¿Cómo se debe leer e interpretar la Biblia? ¿Por qué? ¿Quién puede hacerlo? ¿Cuál es la clave para interpretar las Escrituras?

4. ¿Por qué los bautistas decimos que la Biblia es «un libro dinámico»? ¿Qué significa esta afirmación para ti como estudiante de la Biblia?

5. Enumera algunas de las implicaciones de la afirmación de que la Biblia es nuestra única autoridad en materia de fe y conducta—para ti como creyente, para la iglesia como Pueblo de

Dios. Reflexiona sobre ellas y comparte tu reflexión con otros hermanos y hermanas de tu iglesia.

6. ¿Cómo se formó la Biblia? ¿Por qué la Biblia cubre tantos temas y estilos literarios? ¿Qué es el canon?

7. Considera el asunto de las traducciones. ¿Qué crees de las diversas versiones de la Biblia que tenemos en la actualidad? ¿Cuál es el propósito de las traducciones y versiones de la Biblia? ¿Por qué la Biblia no se escribió en un solo lenguaje para evitar la necesidad de las traducciones?

8. ¿Qué piensas de los descubrimientos arqueológicos de los últimos 50 años? ¿De los métodos de estudiarla y aplicarla en nuestros tiempos? ¿Cómo crees que ha afectado tu acercamiento a las Escrituras?

9. Considera tu propia relación con este libro maravilloso que conocemos como la Biblia. ¿Cuáles son tus hábitos de lectura y reflexión sobre ella? ¿Qué efecto tiene sobre tu vida diaria? ¿Sobre tu vida de iglesia? Formula un plan sencillo y práctico que te ayude en tu vida devocional con la Biblia.

capítulo 4

La iglesia: Una comunidad libre

Introducción

La iglesia se forma por la acción de Dios en la vida de las personas y estas, a su vez, entran en pacto con el Señor y la congregación. Ese compromiso implica una lealtad absoluta a Dios y de amor para con las otras personas de la iglesia. Dios, quien nos ama, nos convoca para formar una nueva comunidad. Ese llamado llega por medio de Jesucristo en una experiencia de gracia por la fe. El Espíritu Santo actúa en los seres humanos y les capacita para poder responder al reto divino.

Libres ¿cómo y para qué?

Somos la creación de un Dios libre. Él actúa por su propia cuenta a favor de los seres humanos. No está sujeto a nada ni a nadie. Así lo expresa en diferentes ocasiones. En su respuesta a Moisés respecto a su nombre, parece implicar esa libertad, pues no tiene que dar explicaciones sobre su persona (Ex 3.13-14).

Jesucristo demostró ser libre y portador de un mensaje liberador. Su actitud hacia la tradición, los líderes religiosos y políticos, las presiones de sus discípulos y las circunstancias más adversas, es de una persona que no está atada a nada, excepto a cumplir la voluntad de Aquel que lo envió. Eso lo podemos ver en los siguientes textos de Marcos 8.31-33, Juan 6.15; 8.31-32, 36; 19.9-11.

El Espíritu Santo es libre y donde está el Espíritu del Señor allí hay libertad. Eso lo dice Jesús a Nicodemo en Juan 3.8. Pablo afirma lo mismo en 2 Corintios 3.17.

La iglesia se compone de personas creyentes que han sido liberadas de las ataduras del pecado, del maligno, del pasado, del presente, y de las ceremonias, costumbres y tradiciones religiosas. Somos un pueblo convocado a la libertad. El Nuevo Testamento afirma esa verdad frecuentemente (véase Ro 8.21; Ga 2.4; 5.1, 13¸ Stg 1.25; 2.12). La iglesia es una comunidad de seres libres que han encontrado esa libertad en el amor de Dios, por la fe en la obra salvífica de Cristo y guiados a ella por el poder y la presencia del Espíritu Santo.

La iglesia es libre para servirle al Señor que la liberó. Esa libertad no es para que la iglesia se sirva ella misma o para hacer su propia voluntad. En la vida de Pablo y en sus palabras se encuentran unas expresiones que parecen ser contradictorias. Nos escribe de la liberación que ha encontrado en Cristo, sin embargo, se considera un esclavo de Jesucristo. La iglesia ha sido liberada para ser sierva y esclava de Jesucristo, para hacer la voluntad divina.

La primera misión de la iglesia es tratar de discernir la voluntad divina para poder seguirla en fidelidad. Eso se puede descubrir por medio del estudio de la Biblia, la oración y la adoración. La segunda misión de la iglesia es buscar las formas que mejor le ayuden a ser fiel a su Señor en el cumplimiento de su tarea en el mundo.

La misión de la iglesia en el mundo es demasiado amplia para hacerse por una sola congregación local y, por lo tanto, dependemos de otras iglesias en nuestra denominación y de otras denominaciones en el mundo para poder cumplir la obra misionera mundial. Hay mucha labor que hacer en el mundo en favor del Reino de Dios y necesitamos que nuestra aportación sea complementada por otros grupos cristianos. Si somos fieles al mensaje bíblico tenemos que reconocer que la Iglesia de Cristo trasciende la iglesia local, las denominaciones y las divisiones nacionales, culturales, económicas y políticas.

La iglesia local es libre para organizar su vida de comunidad, establecer su gobierno, decidir sus acciones en el lugar donde se encuentra y su misión en el mundo y para elegir su liderato, tanto laico como pastoral. Cuando una iglesia local va a tomar una acción sobre su vida y misión, debe tener en mente su naturaleza –una comunidad de creyentes y una comunidad libre—, y su autoridad la Biblia, la Palabra de Dios. No podemos actuar a base de razones que contradigan lo que somos y lo que creemos.

Ser libre ¿qué significa?

Ser una comunidad libre significa que se debe estar en constante renovación, como dijo Martín Lutero: «Iglesia reformada, siempre reformándose». No puede estar atada a tradiciones y decisiones del pasado. Es por eso que los bautistas somos una comunidad sin credo. Los credos son una serie de doctrinas que la iglesia de una época aceptó a la luz del momento que vivía y tal como interpretaban la voluntad divina en esa ocasión. Los credos pueden ser una buena afirmación de la fe de la iglesia, pero no una camisa de fuerza que evite que podamos repensar nuestra fe basada en la Biblia y bajo la dirección del Espíritu Santo. Lo que podemos afirmar de los credos lo podemos usar en diferentes formas en la experiencia de la congregación y como un testimonio de nuestra unidad con todos los creyentes en la historia y en el mundo.

Las tradiciones de la iglesia universal y de la local nos ayudan a entender la vida de la iglesia en diferentes épocas y circunstancias, pero no pueden ser un dique que contenga las aguas refrescantes que salen de la Biblia para que estas puedan renovar la iglesia. Usar las formas de hacer las cosas en el pasado para evitar que una congregación sea creativa para cumplir su misión en el mundo de hoy, es contraria a la idea de la comunidad libre.

La iglesia libre tiene que ser congregacional en su forma de gobierno, pues no puede estar atada a las decisiones de otros organismos eclesiásticos. Ese gobierno está íntimamente ligado a la idea de interdependencia y a la necesidad de unidad con otras iglesias para cumplir la misión de Dios en el mundo. Esta relación se puede explicar como una experiencia de unidad en la diversidad o de la diversidad en la unidad.

Estamos unidos como congregaciones en una denominación a

nivel regional, nacional o mundial, y en forma ecuménica, pero al mismo tiempo mantenemos nuestra identidad. Nos une la lealtad a Jesucristo y su encomienda de cumplir su misión, aunque diferimos en la forma de organizar nuestra vida y establecer nuestras prioridades como congregación local.

Los bautistas originales del siglo 17 expresaron esa idea en diferentes ocasiones. Veamos algunas de ellas según se registran en las Confesiones de Fe.

> Que la iglesia de Cristo tiene poder que le ha sido delegado para proclamar la palabra, administrar los sacramentos, nombrar ministros, cesarlos y también excomulgar hermanos del cuerpo de Cristo (*Corta Confesión de 1609,* Art.13).

> Que estos oficiales deben ser escogidos cuando hay personas cualificadas de acuerdo con las reglas en el Testamento de Cristo (1 Tim 3.27, Ti 1.6-9, Hch 6.34), por elección y aprobación de esa iglesia o congregación de la cual son miembros (Hch 6.3-4, 14.23) con ayuno, oración y la imposición de manos (Hch 3.13 y 14.23). Habiendo una sola regla para ancianos, por lo tanto, una sola clase de ancianos (*Declaración de Fe de 1611,* Art. 21).

> Que al igual que una congregación tiene a Cristo, así lo tienen todas (2 Co 10.7), y que la Palabra de Dios no viene de ninguna en particular, tampoco a ninguna congregación en particular (1 Co 14.36). Pero a toda iglesia en particular, al igual que a todo el mundo (Col 1.5.6). Por lo tanto, ninguna iglesia debe tener prerrogativas sobre otras (*Declaración de Fe de 1611,* Art.12).

> Unida de esa manera, cada iglesia tiene poder concedido a ella por Cristo para su mejor bienestar, para escoger para ella personas para los cargos de pastores, [sic] maestros, ancianos, diáconos, cualificados de acuerdo con la

> Palabra, como nombrado en su Testamento; para alimentar, gobernar, servir y edificar su iglesia y que nadie más tiene poder para imponerle a estos o algún otro (*Confesión de Londres de 1644, Art. 3).*

> Aunque las congregaciones particulares sean distintas y diversos cuerpos, cada cual una comunidad compacta y unida en sí misma, deben caminar por una misma regla, y por todos los medios convenientes tener el consejo y ayuda una de otra en todos los asuntos necesarios de la iglesia, como miembros de un cuerpo de la común fe bajo Cristo, su única cabeza (*Confesión de Londres de 1644,* Art. 47).

En estas confesiones están enumeradas las responsabilidades de una congregación local. Eso incluye la responsabilidad misionera, la vida de adoración, el nombramiento del liderazgo y la disciplina de los miembros de la iglesia. Al mismo tiempo se afirma la interdependencia de las congregaciones y la necesidad de laborar unidos, aceptando el consejo y la ayuda de otras congregaciones. Debemos recordar que diferentes circunstancias sociales, económicas y nacionales ponen nuevas responsabilidades sobre las iglesias locales.

Gobierno congregacional

El gobierno congregacional—uno de nuestros más emblemáticos principios—significa que la iglesia local tiene el derecho y responsabilidad de administrar sus propios asuntos bajo el Señorío de Jesucristo. Tratamos de que todo lo que hagamos cumpla con los mandamientos de Jesucristo y cuente con la completa participación de la congregación.

> Ese poder es la fuerza grandiosa y eficaz que Dios ejerció en Cristo cuando lo resucitó de entre los muertos y lo sentó a su derecha en las regiones celestiales, muy por encima de todo gobierno y autoridad, poder, dominio, y de cualquier otro nombre que se invoque, no sólo en este mundo, sino también en el venidero. Dios sometió todas las cosas al

> dominio de Cristo, y lo dio como cabeza de todo a la iglesia. Ésta, que es su cuerpo, es la plenitud de aquel que lo llena todo por completo (Ef 1. 19b-23).

Un importante elemento de nuestra eclesiología es nuestra afirmación de que la iglesia es libre o autónoma. La afirmación de que somos una iglesia libre es la consecuencia de nuestra afirmación del Señorío de Cristo en la vida de la persona cristiana y la iglesia. Somos libres porque sólo Cristo es la cabeza y el Señor de la iglesia. En el texto que leímos en Efesios, Pablo dice con toda claridad que Cristo es la cabeza de la Iglesia.

Esta afirmación de la iglesia libre es el fundamento para nuestra insistencia en la necesidad de que exista la separación entre la iglesia y el estado. Nada ni nadie debe ni puede determinarle a la iglesia su forma de adorar, creer y ministrar, pues sólo Cristo es la roca, el fundamento de la iglesia. Sólo Cristo puede decirnos y señalarnos lo que debemos hacer y cómo lo debemos hacer.

Otro elemento importante es nuestra aseveración de la autonomía e interdependencia de la iglesia local. Es importante entender que el principio que afirmamos y defendemos es el de autonomía e interdependencia, como una unidad, no como dos principios separados. En primer lugar creemos que la iglesia debe ser libre para ejercer su ministerio, pero entendemos que estamos sometidos al Señorío de Cristo. En segundo lugar creemos que cada iglesia local es iglesia plena. Esto quiere decir que en cada iglesia local están todos los elementos necesarios para llevar a cabo la misión que Cristo le dio a su iglesia. Por eso creemos que ninguna institución, sea esta secular o religiosa, tiene autoridad o potestad para determinar la fe y práctica de la iglesia local.

Por otra parte creemos y afirmamos la interdependencia de la iglesia local. A pesar de que creemos que la iglesia local es iglesia plena, entendemos que nosotros no somos «La Iglesia». La Iglesia de Cristo está compuesta por todos aquellos y aquellas que han respondido voluntariamente al llamado de Cristo de todos los puntos del planeta. Cada iglesia local es parte de la Iglesia Universal de Cristo. Por eso siempre hemos insistido en la unidad de la iglesia y la cooperación entre las iglesias. Por eso formamos convenciones y participamos activamente en movimientos interdenominacionales y en el movimiento ecuménico.

La importancia de la congregación local

> En aquellos días, al aumentar el número de los discípulos, se quejaron los judíos de habla griega contra los de habla aramea de que sus viudas eran desatendidas en la distribución diaria de los alimentos. Así que los doce reunieron a toda la comunidad de discípulos y les dijeron: «No está bien que nosotros los apóstoles descuidemos el ministerio de la palabra de Dios para servir las mesas. Hermanos y hermanas, escojan de entre ustedes a siete hombres de buena reputación, llenos del Espíritu y de sabiduría, para encargarles esta responsabilidad. Así nosotros nos dedicaremos de lleno a la oración y al ministerio de la palabra. Esta propuesta agradó a toda la asamblea, y escogieron a Esteban, hombre lleno de fe y del Espíritu Santo, y a Felipe, a Prócoro, a Nicanor, a Timón, a Pármenas y a Nicolás, un prosélito de Antioquía. Los presentaron a los apóstoles, quienes les impusieron las manos. Y la palabra de Dios se difundía y el número de los discípulos aumentaba considerablemente en Jerusalén, e incluso muchos de los sacerdotes obedecían a la fe (Hch 6.1-7).

Otro elemento importante en la eclesiología bautista es nuestra afirmación de que somos una iglesia congregacional. Esto quiere decir que la iglesia está dirigida por la congregación, por la comunidad de todos aquellos y aquellas que han aceptado a Cristo y han sido bautizados. Creemos que la iglesia es congregacional porque afirmamos el sacerdocio universal de todo creyente. Todo creyente tiene la libertad, el derecho y la responsabilidad de acercarse a Dios sin necesidad de intermediarios o sacerdotes.

El texto de Hechos que antecede es para los bautistas una afirmación del carácter congregacional de la iglesia del Nuevo

Testamento. Cuando surge un problema en medio de la comunidad, los apóstoles no imponen una solución. Ellos hacen una sugerencia que le parece buena a la comunidad y es la responsabilidad de la comunidad buscar entre ellos las personas que se entienda son las adecuadas y capacitadas para llevar a cabo la tarea. No hay una imposición por parte de los apóstoles ni de la solución al problema ni de las personas que han de ser escogidas.

Este concepto de iglesia congregacional se basa en nuestro entendimiento de que la iglesia está fundamentada en un pacto que han hecho los creyentes los unos con los otros y todos y todas con Cristo. Cuando aceptamos a Jesucristo y decidimos venir a formar parte de la iglesia, lo hacemos entendiendo de que mi hermano y mi hermana son también miembros y sacerdotes, y que entramos en un pacto, en comunidad, para hacer la voluntad de Dios y llevar a cabo la misión. Nadie es más que nadie en la iglesia.

Dentro de la tradición bautista el pastor es uno entre iguales. El pastor es un miembro en el cual la iglesia ha reconocido los dones y talentos del liderazgo y afirma el llamado que Dios ha hecho a esa persona. Es por esta razón que somos y nos llamamos una iglesia laica, porque creemos y afirmamos que sólo hay un sacerdote, un mediador entre Dios y los hombres y este es Cristo.

Para muchos la iglesia bautista es una iglesia con un sistema democrático. Creemos que necesitamos afirmar que somos más que democráticos: somos congregacionalistas. En el congregacionalismo hay un claro entendimiento de la igualdad de todos sus miembros. Afirmamos que cualquier miembro puede ser llamado a posiciones de liderazgo dentro de la iglesia. Creemos que el liderazgo en una iglesia congregacional se caracteriza por el servicio y no por el poder, la dominación o el control. En el congregacionalismo todos participan activamente no sólo en la toma de decisiones, sino en la planificación y ejecución de esas decisiones. En el congregacionalismo se afirma la responsabilidad de las personas creyentes regeneradas, ministros y ministras de Jesucristo, de participar activamente en la vida y la misión de la iglesia.

Somos democráticos en la medida en que creemos en la libertad de expresión y participación de todos los miembros en la vida de la iglesia. Pero el congregacionalismo es más que libertad para expresarse o libertad para votar. El congregacionalismo significa afirmar que mi hermano o mi hermana tienen tanta razón como yo. El congregacionalismo significa afirmar que mi hermano y mi hermana tienen la misma capacidad que yo de tomar decisiones y de participar activamente en la vida de la iglesia. El congregacionalismo es una afirmación no sólo del Señorío de Cristo en la iglesia y en la persona creyente, sino una afirmación eclesiológica, es decir una afirmación práctica, del sacerdocio universal de todo creyente. Es una afirmación de que Dios no hace acepción de personas.

Afirmamos que ejercemos un gobierno congregacional porque así se enfatiza la función de cada individuo dentro de la comunidad de creyentes. Insistimos que en una iglesia bautista todos sus miembros—laicos y pastores—tienen los mismos derechos. El voto del pastor o la pastora tiene el mismo valor que el voto del hermano recién bautizado.

El gobierno congregacional nos permite determinar quiénes serán miembros, decidir el modo de adoración, diseñar estrategias para la misión y elegir a nuestros oficiales, laicos o pastorales.

Las llamadas sesiones o reuniones de negocio en una iglesia bautista—que preferimos llamar asambleas—es la ocasión cuando reunidos bajo el señorío de Jesucristo, congregados como su pueblo, consideramos nuestra responsabilidad en la misión de la iglesia y todos juntos y juntas tomamos las decisiones. El liderato pastoral debe asegurarse de que todas las personas miembros puedan participar libre y responsablemente en la toma de decisiones.

Afirmamos que en una iglesia bautista no existe ninguna organización superior a la iglesia local que pueda legislar o gobernar sobre ella. Solamente Jesucristo, como Señor, y Las Escrituras como guía. (Véase capítulo 7 para sugerencias de organización).

Implicaciones del principio

Una de las implicaciones más importantes de este principio de la iglesia como una comunidad libre tiene que ver con la relación con el gobierno. Los bautistas siempre han sostenido la legalidad de los gobiernos y la aceptación de que los creyentes tenían el derecho de participar del gobierno y ocupar lugares de responsabilidad en la administración pública. Es posible que parte de ello fuera una reacción a un sector anabautista, que prohibía a sus miembros ocupar posiciones en el gobierno porque alegaban que era una traición al concepto de la no resistencia. Eso está muy claro en la *Declaración de Fe de 1611*, en su artículo 24:

> Que el magistrado [gobernante] es una santa ordenanza de Dios, que toda alma debe estar sujeta a él, no solamente por temor sino como asunto de conciencia. Los magistrados son ministros de Dios para nuestro bien; no llevan la espada en vano. Ellos son ministros de Dios para vengarse de los que hacen mal (Ro 13). Que es pecado aterrador hablar mal de quienes están en responsabilidad y despreciar el gobierno (2 P 2.10). Debemos pagar tributo, contribuciones y todos los deberes. Debemos orar por ellos porque Dios quiere que se salven y que vengan al conocimiento de la verdad (1 Tim 2.1, 4). Pueden ser miembros de la Iglesia de Cristo, manteniendo su magisterio, porque ninguna santa ordenanza de Dios elimina a nadie de ser miembro de la Iglesia de Cristo. Ellos llevan la espada de Dios, la cual en toda administración lícita debe ser defendida y apoyada por los siervos de Dios que están bajo su gobierno con sus vidas y todo lo que tienen de acuerdo con la institución de esa santa ordenanza. Cualquiera que crea de otra manera debe entenderse (si se entienden ellos mismos) que son ministros del diablo y, por lo tanto, no deben ser elogiados o aprobados en ninguna de sus administraciones, viendo que todas las cosas que hacen (como castigar criminales y defender sus países, estados y personas por la espada) son ilegales.

La historia bautista está llena de ejemplos de hombres y mujeres que, al mismo tiempo que aceptaban ese principio, reconocían que el gobierno no podía hacer leyes o dar órdenes que interfirieran con la relación del ser humano con Dios, o que fueran en perjuicio de la comunidad. Esa comunidad de testigos de esa verdad incluye a

Juan Bunyan, Henry Dunster, Martin Luther King, hijo, y a otros mártires en muchos lugares del mundo. La posición bautista siempre ha sido que es preferible la muerte a ir en contra de aquello que se considera es la voluntad divina, aunque eso signifique desobedecer al gobierno. Así lo expresaban:

> Pero si Dios les retira su apoyo y respaldo a los magistrados, nosotros procederemos juntos en la comunión cristiana, cuidándonos de no suspender nuestra práctica, sino que caminaremos en obediencia a Cristo en el mantener y profesar esa fe, aun en medio de tribulaciones y aflicciones, sin tomar en consideración nuestros bienes, tierras, esposas, hijos, padres, madres, hermanos, hermanas y aun nuestras propias vidas, para poder terminar nuestra carrera con gozo, recordando siempre que debemos obedecer a Dios antes que a los hombres [sic], basados en el mandamiento, comisión y promesa de nuestro Señor y maestro Jesucristo, que tiene todo poder en el cielo y en la tierra, también nos ha prometido que si guardamos los mandamientos que nos ha dado, estará con nosotros hasta el fin del mundo, y cuando terminemos la carrera y guardada la fe, nos dará la corona de justicia que está reservada para quienes aman su venida, y a quien responderemos de todas nuestras acciones y de la cual ningún hombre nos puede librar (*Confesión de Londres de 1644,* Art. 51).

> Creemos que el supremo magistrado de este reino es el rey y el parlamento libremente escogido por el reino, y en todas las leyes civiles que hayan aprobado, en el presente o en el futuro, debemos someternos y obedecer en el Señor, y considerarnos obligados a defender a las personas escogidas y todas las leyes civiles hechas por ellos, con nuestras propias personas, libertades y propiedades, con todo lo que sea nuestro, aunque no consentiremos a sujetarnos activamente a cualquiera leyes eclesiásticas que

> ellos hayan concebido porque entiendan que es su deber establecer que nosotros al presente no podemos ver, ni a las cuales nuestras conciencias se pueden someter, pero estamos obligados a entregar nuestras personas a su voluntad (*Confesión de Londres de 1644,* Art. 49).

Libertad de conciencia y libertad religiosa

Esta posición bautista nos ha llevado a defender prácticas tales como la libertad de conciencia, la libertad religiosa y la separación de la iglesia y el estado. En muchos países estas prácticas han puesto a los bautistas en contraposición al gobierno. Un caso reciente son las iglesias bautistas en Estados Unidos que se han convertido en santuario para refugiados de América Central en contra de las leyes represivas del gobierno estadounidense.

La libertad de conciencia significa que nadie puede ser obligado a creer o actuar en contra de aquello que son sus ideas o convicciones. Todas las personas están libres de actuar de acuerdo con sus ideas religiosas, políticas, sociales, económicas o personales, siempre que esas ideas no vayan en detrimento de otra persona o de la comunidad. Eso incluye el derecho de esas personas a propagar sus ideas y tratar de convencer a otras personas, y aun a la comunidad, de la verdad de sus principios. El reconocerle la libertad de conciencia a un ser humano no es afirmar la verdad de sus ideas.

La libertad religiosa significa que nadie está obligado a creer unas ideas religiosas en particular. Se establece que los bautistas no le reconocemos a ninguna persona, organización secular o religiosa, el derecho a establecer doctrinas o prácticas para ser aceptadas por otros seres humanos.

Toda experiencia religiosa tiene que ser voluntaria, y para eso es necesario que la persona tenga la opción de creer o no creer, afirmar o negar, practicar o rechazar, cualquier concepto o rito religioso. Solamente una congregación puede establecer pautas para quienes son parte de su membresía. Pero aun ahí debemos recordar que Dios reconoce la diversidad de las personas creyentes. Debemos mantenernos abiertos a la revelación divina y colocar el amor como el centro de las relaciones dentro de la comunidad de creyentes.

Este principio de libertad religiosa todavía no es una realidad para todos nuestros hermanos y hermanas alrededor del mundo. En muchos lugares existe lo que conocemos como tolerancia religiosa, o sea, donde se aceptan otras manifestaciones religiosas fuera de la religión oficial. A través de la historia tenemos ejemplos de lo que ha costado este principio para los bautistas. Veamos algunos ejemplos.

El 5 de octubre de 1573, en la ciudad de Antdwerp, Bélgica, una mujer llamada Maeyken Wens había sido arrestada y torturada. Su lengua fue atornillada a su paladar para que no pudiera testificar de su fe mientras era llevada en un carretón hasta donde su sentencia de muerte en la hoguera se llevaría a cabo. Su crimen fue que ella proclamaba el evangelio como lo entendía después de una lectura personal del Nuevo Testamento. Era víctima de la Inquisición, que la encontró culpable de herejía, impiedad y desobediencia a la Iglesia Madre. Maeyken, quien era madre de nueve hijos, era una anabautista, nuestros primos y antecesores en la Reforma.

Un siglo después, en el 1672, en Belford, Inglaterra, una mujer suplica ante el juez por su esposo, para que lo liberara. Había estado preso por doce años sin celebrársele juicio. El hombre había sido apresado porque no dejaba de predicar las creencias de los bautistas y porque rehusaba aceptar que el gobierno lo autorizara a predicar. Estuvo en prisión por catorce años.

El primer presidente de lo que hoy es la Universidad de Harvard, Henry Dunster, fue destituido como tal porque tenía ideas bautistas y se negó a bautizar a su niña recién nacida. Le obligaron a abandonar su casa en medio de un crudo invierno, lo que provocó la muerte de la niña por pulmonía.

En el estado de Florida se acusó a un grupo de santería que mataba animales para sus ritos porque estaban violando leyes sobre la crueldad contra los animales. El Tribunal Supremo de Estados Unidos decidió que la libertad religiosa de este grupo estaba por encima de la ley sobre la crueldad de los animales.

Hace algunos años el Tribunal Supremo de Puerto Rico decidió que la forma de adorar de una iglesia interfería con la intimidad de un hogar debido a que el ruido que se producía con sus cánticos y otras expresiones afectaba la paz y tranquilidad de ese hogar. Hubo una protesta pública por los evangélicos (en la cual participamos los bautistas), pero la decisión sigue vigente.

En momentos y lugares donde el gobierno responde a los intereses de la iglesia, y la iglesia, a su vez, responde a los intereses del gobierno, muchas veces la iglesia declaraba a una persona como hereje simplemente por tener ideas contrarias a la iglesia. El gobierno, entonces, la ejecutaba por sediciosa.

En el 1923. E.Y. Mullins, un eminente historiador bautista, escribió:

> Los bautistas no creen en la libertad religiosa para ellos solamente. Creen en la igualdad de todos los hombres [sic]. Para ellos no es simplemente un derecho; es una pasión. Aunque no simpatizamos con el ateísmo, el gnosticismo o el materialismo, apoyamos la libertad del ateo, del gnóstico y del materialista en sus convicciones religiosas o irreligiosas.

Separación de Iglesia y Estado

La separación de la iglesia y el estado significa que la iglesia no ha sido llamada a gobernar un estado secular y que el estado secular no tiene ninguna responsabilidad religiosa. La iglesia mantiene su disposición de colaborar con aquellas cosas que sean para el bien común. El estado le da la libertad a la iglesia para cumplir sus responsabilidades religiosas. Ambas instituciones tienen la encomienda de no asumir poderes que le corresponden a la otra.

El estado debe reconocerle la responsabilidad profética de la iglesia y en la cual ella tiene la misión de levantar su voz de condena a nombre de un Dios que desea la libertad, la justicia y la paz para todos los seres humanos; de un Dios que condena la opresión, la violencia en todas sus manifestaciones y la injusticia. La iglesia debe comprometerse a cumplir con todas las leyes que no impidan su lealtad a Cristo y su responsabilidad misionera.

La lealtad a este concepto de la iglesia como una comunidad libre sólo se puede mantener si somos fieles a la comunidad de creyentes y a la Biblia como el punto de partida de nuestra fe. Debemos cuidarnos de no usar nuestra libertad para alimentar nuestros egoísmos, nuestros intereses personales, políticos y económicos o para servir a nuestras pasiones.

Organización y administración de la congregación

Otras prácticas que tenemos hoy han sido el resultado de muchas circunstancias, tales como la cultura y la política. La política se ve en la organización de una congregación local que tiene que someterse a las leyes que rigen en un país respecto a las organizaciones religiosas o de otra índole. La organización de una iglesia local debe responder a su necesidad de cumplir la misión de la iglesia en un lugar específico.

El concepto de *asociación* fue usado por los bautistas del siglo 17 para expresar el sentido de comunidad más allá de la iglesia local. Era la organización que tenía el ejército de Cromwell para recoger dinero para la guerra. Sin embargo, la asociación no es la única forma que tiene un grupo de iglesias para expresar la unidad. En la Biblia hay más de una forma de organización.

Muchos de los nombres que damos a las organizaciones y grupos eclesiásticos hoy en día tienen connotaciones seculares de poder y autoridad en lugar de servicio. Hablamos de juntas de síndicos, junta administrativa, secretario ejecutivo, pastor ejecutivo, secretario general, que representan la organización de corporaciones y no de un grupo de siervos y siervas del Señor. Debemos repensar y evaluar bíblicamente expresiones como diáconos, ancianos y obispos, que son expresiones bíblicas y que quizás respondan mejor a la naturaleza de lo que somos.

La cultura se nota en la diversidad que hay en diferentes grupos bautistas en el mundo respecto a la forma de divertirse y sus actitudes hacia algunas prácticas tradicionales de la cultura de un país específico. Hay muchas formas de hacer las cosas que pueden ser el resultado de la tradición, la imposición de otra cultura o la opinión de una persona o un grupo poderoso, pero que no tienen ninguna base bíblica. En esos casos, la congregación debe sentirse libre para evaluarlas a la luz de las Escrituras y sus circunstancias particulares.

En términos de administración, o sea, cómo se «maneja» de día a día la actividad de la iglesia, la congregación local, fiel a su principio de gobierno congregacional, establecerá la forma y manera de hacerlo. Establecerá, además, su programa de cultos y actividades. No hay un modelo específico o determinado, pero sí afirmamos que el mismo debe ser (1) fiel a las Escrituras, (2) inclusivo—que no excluya a ningún miembro—, (3) de acuerdo con la misión de la iglesia; que sea útil y que facilite la tarea de la iglesia.

En algunas iglesias se constituyen varias juntas, comités, grupos, ujieres, diáconos, entre otras, según la necesidad de la iglesia local. El modelo de administración y el programa de una congregación bautista no se puede copiar de ninguna otra; tiene que ser trabajada por la congregación local. De esta manera se aseguran de cumplir su misión en el lugar particular donde Dios les ha colocado para servir.

Adoración

Una práctica que se afecta por la cultura es la forma de adoración. Desde los primeros siglos los bautistas nos hemos dividido por esto. Aquí debemos recordar que tanto en el Antiguo como en el Nuevo Testamento encontramos muchas prácticas de adoración y que no hay una forma específica de rendirle culto a Dios.

La música que muchas veces usamos es la imposición de una cultura extraña a nuestras distintas idiosincrasias y que se comenzó a usar en situaciones culturales pasadas. Debemos sentirnos libres para incorporar las grandes contribuciones de la iglesia a través de la historia a la vida cúltica, pero también estar prestos a usar la música y los instrumentos que respondan a nuestros pueblos.

Lo que no es permisible son las prácticas que se usan para ensalzar a una persona en lugar de Dios, para imponer criterios particulares en lugar de edificar a la comunidad, o para traicionar el espíritu de amor que debe permear toda la vida cristiana. Al momento de estructurar nuestra adoración debemos recordar que la misma sea: (1) Cristocéntrica, (2) ordenada y (3) libre.

excursus

Libertad e interdependencia y ecumenismo: Una práctica bautista

Introducción

Los bautistas afirmamos que somos una iglesia libre. Preferimos usar el término libre porque bíblicamente significa que adoptamos una cualidad del Dios creador. El término autonomía, por otro lado, tiene la connotación de que no dependemos de nadie, incluso de Dios, y que podemos subsistir por nuestros propios esfuerzos.

También reconocemos la capacidad de la iglesia local para organizarse y tomar decisiones respecto a su misión sin interferencia de ninguna autoridad eclesiástica o política. Sin embargo, desde los mismos comienzos de nuestra denominación los bautistas hemos sostenido que necesitamos el concurso y apoyo de congregaciones hermanas para cumplir la tarea de hacer discípulos de todas las naciones.

Este es un concepto muy importante y distintivo de los bautistas. Veamos.

Definiciones

El diccionario define el término *autonomía* como «estado o condición del pueblo que goza de entera independencia política con facultad para establecer sus propias leyes. Es la potestad que pueden gozar municipios, provincias, regiones y otras entidades dentro de un estado para regir los intereses particulares de su vida interior mediante normas y órganos de gobiernos propios».

Los bautistas, cuando usamos este término, lo definimos como la capacidad que se le reconoce a una iglesia local para autogobernarse. Por eso decimos que una iglesia local es libre. La congregación local se gobierna a sí misma y establece normas, reglas y procedimientos para organizar su funcionamiento. Esto es lo que los bautistas llamamos gobierno congregacional. Reconocemos como única autoridad el Señorío de Jesucristo como nos lo revelan las Escrituras.

También hemos afirmado igualmente el principio de colaboración y de relaciones de asociación, mejor reconocido como *interdependencia*. La interdependencia se da entre dos o más partes, o sea, es recíproca.

Surge la misma de la asociación, que es una sencilla organización formada para propósitos de compañerismo, mutua edificación y consideración de preocupaciones comunes. Este término *asociación* tiene origen militar, y surgió durante la guerra civil del rey de Inglaterra con el Parlamento en los años 1642–1649. Los condados fueron organizados en asociaciones para la defensa mutua. Por razón de la guerra, muchos bautistas tuvieron que huir a Irlanda, donde se encontraban aislados y solos. Muchos de ellos habían estado en la guerra y entonces transfirieron el concepto de asociación a la iglesia para mantener la fraternidad entre las congregaciones esparcidas en un país extranjero, lo que hacían mediante correspondencia y reuniones frecuentes de delegados.

La asociación siempre se ha concebido como un acto voluntario. Una vez que se establecen varias iglesias en un territorio, cada una de ellas libre y voluntariamente decide afiliarse con otras para crear una comunidad más amplia de testimonio, trabajo y acción. Respondiendo a la gracia de Dios en Jesucristo, los individuos libremente se juntan en congregaciones, y éstas, a su vez, lo hacen entre sí, para adorar a Dios y actuar al servicio de la voluntad de Dios para el mundo.

Gobierno congregacional o libertad de la iglesia

Es de este entendimiento de libertad congregacional que surge lo que los bautistas conocemos como el gobierno congregacional.

Esta forma y manera de entender la iglesia y de ser iglesia parte del principio de que cada creyente en Cristo tiene acceso a la revelación que proviene de Dios, de tal manera que, como miembro y participante de ese cuerpo de creyentes, pueda discernir la voluntad de Dios para el mundo y para la iglesia local de la cual forma parte.

El gobierno congregacional afirma la completa participación de todos y cada una de las personas creyentes como miembro de la comunidad de fe al momento de establecer política—normas, reglamentos, reglas, etc.—; de organizarse para la misión—juntas, comités, programas, etc.—; de escoger a su liderato pastoral; establecer su presupuesto; etc. Todas las personas miembros de la iglesia tienen la responsabilidad y el derecho de participar plenamente en las reuniones, asambleas y en todos los asuntos de la congregación.

Veamos cómo nuestros antecesores articularon este principio:

> Que habiéndose unido, cada iglesia tiene poder dada a ella por Cristo para su bienestar, para escoger a las personas para los oficios de pastores, maestros, ancianos, diáconos, cualificados de acuerdo con la Palabra, como aquellos a quienes Cristo ha designado en su Testamento, para nutrir, gobernar, servir y edificar su Iglesia, y que nadie más tiene poder para imponerse sobre ellos, ni estos ni ningunos otros (*Confesión de Londres de 1644,* Artículo 36).

Nadie—ni juntas, ni pastores o pastoras, ni ejecutivos denominacionales, ni nadie de afuera, ni siquiera ningún miembro—puede imponerle nada a la congregación. Es por esto que llamamos a una asamblea de la iglesia para escoger al pastor o la pastora, para establecer el programa de la iglesia, para aprobar el presupuesto, para nombrar y elegir las personas que estarán sirviendo como líderes. Esto es gobierno congregacional porque toda la congregación participa en igualdad de condiciones.

Los bautistas afirmamos, a partir de Romanos 12.5: «...así nosotros, siendo muchos, somos un cuerpo en Cristo, y todos miembros los unos de los otros», que la vida, y en particular la vida cristiana, es relacional, de modo que no podemos entender la autonomía en términos absolutos o cerrados. No podemos decir «mi iglesia es autónoma» o «en mi iglesia hacemos lo que queremos» porque el único soberano es nuestro Dios.

Interdependencia

> Mas no ruego solamente por éstos, sino también por los que han de creer en mí por la palabra de ellos, para que todos sean uno; como tú, oh Padre, en mí, y yo en ti, que también ellos sean uno en nosotros; para que el mundo crea que tú me enviaste. La gloria que me diste, yo les he dado, para que sean uno, así como nosotros somos uno (Jn 17.20-23).

Inspirados en esta oración de nuestro Señor poco antes de su muerte, los bautistas siempre hemos reconocido que no podemos ser completamente independientes. Desde los inicios de la denominación siempre procuraron la fraternidad entre las diversas iglesias, y fueron exitosos en sus arreglos para una organización permanente. Muy temprano en nuestra historia los bautistas desarrollamos el principio de asociación para darle expresión visible a la interdependencia de las iglesias locales. Ya en 1644, siete iglesias bautistas se juntaron y escribieron la llamada *Confesión de Londres*, que en su artículo 47 lee así:

> Y aunque las congregaciones particulares son distintas y cuerpos diversos, cada una como una ciudad compacta y entretejida en sí misma; aun así deberán caminar todas por una y la misma regla, y por todos los medios convenientes tener consejo y ayuda unas de las otras en todos los asuntos necesarios de la iglesia, como miembros de un cuerpo en la fe común bajo Cristo, su única cabeza.

La epístola a los Efesios, en su capítulo 4, versículos del 1 al 16, nos ofrece una base bíblica para sostener este principio: (1) protegerse de los peligros y tendencias de autosuficiencia y aislamiento; (2) tener ayuda y consejo en cuanto a los asuntos de la iglesia, para la defensa de la doctrina y para mantener la comunión, el orden y la verdad; (3) proveer un medio para la fraternidad y comunión entre las iglesias y así demostrar la unidad del cuerpo de Cristo; (4) proveer un medio mediante el cual las iglesias puedan llevar a cabo la misión que Dios les ha encomendado, (5) establecer ciertas disciplinas, aconsejar a las congregaciones en materia de disciplina y doctrina y preservar así la «sana doctrina» y proteger las iglesias de las herejías.

Ecumenismo

La palabra ecumenismo significaba originalmente «la tierra habitada». Hoy significa la unidad de la iglesia cristiana universal. La raíz «oikos» significa casa o familia (Ef 2.19-22). Aquí la iglesia se ve como una entidad corporativa, que incluye a todo el pueblo de Dios.

El ecumenismo moderno le ha dado mucha atención a buscar acuerdos doctrinales comunes y a darle una expresión visible a la unidad de la iglesia cristiana. El movimiento ecuménico no es una organización específica, sino un espíritu o movimiento que toma diversas formas organizacionales.

En términos escriturales, nadie puede objetar la idea de que la unidad cristiana debe ser más visible, en colaboración, al hacer el trabajo de Dios. La idea principal de la iglesia del Nuevo Testamento es un cuerpo de gente unida a Jesucristo como su cabeza y comprometida en y con su misión.

Los diversos grupos locales representan la iglesia universal de Dios en sus localidades particulares. Nos hemos acostumbrado a las tantas divisiones dentro de la iglesia que hemos tomado esa fragmentación como algo normal. La pregunta clave ha sido: ¿Está dividido Dios?, y la respuesta ha sido y sigue siendo un rotundo NO.

Desde nuestros comienzos los bautistas hemos afirmado que no somos sectarios, esto es, no creemos que tengamos el derecho exclusivo de ser «la iglesia». En 1612, John Smyth, considerado como uno de nuestros precursores en Inglaterra, escribió: «Todos los cristianos penitentes y fieles son hermanos en la comunión de la iglesia conocida, donde quiera que vivan, por cualquier nombre que sean conocidos». El Credo Ortodoxo, escrito en 1678, lleva por subtítulo «Un ensayo para unir y confirmar a todos los verdaderos protestantes». Esto es prueba fehaciente de que el espíritu de hermandad y ecumenismo de los bautistas ha sido una realidad desde siempre.

Afirmamos las cosas que nos unen con otras personas que creen en el Dios verdadero, tales como la gracia de Dios, el obrar del Espíritu Santo en la vida de quienes son nuevas criaturas, la reconciliación y otras verdades comunes de la fe cristiana. Estamos unidos y oramos juntos, sin importar las diferencias que puedan existir, con aquellas personas que confiesan a Jesucristo como Salvador y Señor.

Los bautistas, sin embargo, sí creemos que, aunque no pretendemos tener el monopolio de la verdad cristiana, hay unas convicciones que preservar, que son aquellas que nos han distinguido a través de nuestra historia, y que nos identifican como bautistas, tales como la iglesia de creyentes regenerados, el bautismo de creyentes por inmersión, el gobierno congregacional, la separación de la iglesia y el estado, entre otros.

En Juan 17.22-23 se afirma la unidad del cuerpo de Cristo «para que el mundo crea». A veces hemos enfatizado tanto en las diferencias, que el mundo ha sido más impactado con las divisiones dentro de la Iglesia que con la unidad que nos hace un solo pueblo y un solo cuerpo. Siendo los bautistas «el pueblo del Libro», queremos ser fieles a ese mandato del Señor.

Comienzos del movimiento ecuménico

Desde el siglo 16 ha habido esfuerzos por la unidad de la Iglesia. Lutero y Calvino y otros procuraron de muchas formas la reunión entre los grupos protestantes, inclusive con la Iglesia Católica. En cada siglo desde entonces se han hecho esfuerzos por la unidad del cuerpo de Cristo.

El trabajo misionero ha sido una de las áreas que ha necesitado la mayor unidad y cooperación. Fue con el trabajo misionero que podemos decir que comenzó el ecumenismo moderno. William Carey, allá para el 1810, propuso «una asociación general de todas las denominaciones cristianas de los cuatro polos del mundo». Proponía que se celebraran reuniones cada diez años. Después del 1850—cuarenta años más tarde—se celebraron varias de estas reuniones. Los proyectos que se trabajaron entonces fueron traducciones de la Biblia, esfuerzos cooperativos para publicaciones, auspicio de hospitales y escuelas, entre otros.

En 1910 se celebró una conferencia misionera en Edinburgo, Escocia. De esa conferencia salieron tres movimientos, que se organizaron más tarde: el Concilio Misionero Mundial en 1921; el Movimiento de Fe y Orden en 1927 y el Movimiento de Vida y Obra en 1937. Estas tres organizaciones pavimentaron el camino para el Consejo Mundial de Iglesias, organizado en 1948.

Consejo Mundial de Iglesias

Esta expresión de la unidad del cuerpo de Cristo conocida como Consejo Mundial de Iglesias, y que funciona a nivel mundial, se organizó en 1948 sobre la siguiente afirmación: «El Consejo Mundial de Iglesias es una confraternidad de iglesias que aceptan a nuestro Señor Jesucristo como Dios y Salvador». Luego, en 1961, se revisó esta afirmación para que leyera: «El Consejo Mundial de Iglesias es una confraternidad de iglesias que confiesan al Señor Jesucristo como Dios y Salvador, de acuerdo con las Escrituras y, por lo tanto, procura cumplir su llamamiento común para la gloria del único Dios, Padre, Hijo y Espíritu Santo». En esta nueva declaración se resumen los elementos esenciales de la fe cristiana: las Escrituras, la Trinidad y a Jesucristo. Los objetivos son apoyar a las iglesias en su trabajo misionero y evangelístico a través del mundo y expresar la preocupación común de las iglesias de servir a las necesidades humanas y a eliminar las barreras entre los pueblos.

Consejo Nacional de Iglesias

Surge en 1950 con la consolidación de varias organizaciones ecuménicas con toda clase de funciones—misiones, educación cristiana, evangelismo—que servían a nivel nacional en los Estados Unidos de Norteamérica. En su preámbulo leemos: «En la providencia divina, el tiempo ha llegado cuando parece apropiado que más plenamente manifestemos la unidad en Jesucristo como divino Señor y Salvador, mediante la creación de una agencia corporativa inclusiva de las iglesias cristianas de los Estados Unidos de América para continuar y extender...[aquí siguen los propósitos de las agencias que se unieron].

Tanto el Consejo Mundial de Iglesias como el Consejo Nacional de Iglesias se consideran organizaciones progresistas, de avanzada, que apoyan los esfuerzos por las reivindicaciones sociales, de justicia y paz para los pueblos, al mismo tiempo que apoyan los esfuerzos evangelísticos y misioneros de sus iglesias asociadas. Esto les ha ganado muchas críticas y algunos cuerpos religiosos han objetado muchas de sus acciones. Otras, inclusive, han retirado su membresía. En ambas organizaciones la membresía es por denominación, no por iglesias individuales.

Las Iglesias Bautistas Americanas ha sido miembro fundador de ambas organizaciones.

Asociación Nacional de Evangélicos

Esta otra organización ecuménica se fundó en 1943 como una alternativa al Consejo Nacional de Iglesias. Tiene una afirmación doctrinal, la cual todas las iglesias que se unen tienen que suscribir y no permiten miembros del CMI ni del CNI. Esta última prohibición ha evitado que las Iglesias Bautistas Americanas sean miembros, pero se les ha permitido un observador. La ANE también trabaja con evangelismo, misiones, educación cristiana, acción social, pero desde un punto de vista más conservador.

Alianza Mundial Bautista

Organizada en Londres en 1905, reúne a bautistas alrededor del mundo. Su base constitutiva es: «La Alianza Mundial Bautista, que se extiende a todas las partes del mundo, existe para demostrar de una manera más plena la unidad del pueblo bautista en el Señor Jesucristo; para inspirar a los hermanos; y para promover el espíritu de confraternidad, servicio y cooperación entre sus miembros, pero esta alianza de ninguna manera interferirá con la independencia de las iglesias o asumirá las funciones administrativas de tales organizaciones». (Véase Cap. 1 para más detalle sobre la AMB).

Otras relaciones

Desde 1971 los bautistas americanos tenemos una relación de asociación con la Iglesia de los Hermanos, quienes bautizan creyentes y están orientadas a los asuntos de paz y justicia que nosotros también sustentamos.

También tenemos relación con la Convención Bautista Progresista, desde 1971, similar a la que tenemos con la Iglesia de los Hermanos. En ambas organizaciones tenemos observadores en su junta de directores.

Conclusión

Los bautistas afirmamos la riqueza de la autonomía o libertad congregacional que propicia creatividad, imaginación, desarrollo, crecimiento, adaptabilidad. Rechazamos la autonomía que encierra, separa y desconecta.

Afirmamos la interdependencia que propicia las relaciones fraternales, más allá de la iglesia local; que fortalece la hermandad y colaboración denominacional e interdenominacional. La interdependencia siempre va a requerir que concedamos o cedamos algo, por lo tanto, requiere intencionalidad, equilibrio, amor, confianza y respeto.

Afirmamos, además, el desarrollo y cultivo de las relaciones de autonomía e interdependencia en libertad y disciplina—libertad para asociarnos y disciplina para ser fieles a la asociación—, considerándonos en la proyección misionera, la toma de decisiones, el sostén y apoyo mutuo, en el respeto y afirmación de nuestra historia, principios y prácticas, e invocando la soberanía única de Jesucristo el Señor del mundo y de la iglesia.

caso para estudio

Es una cuestión de principios: Reflexión sobre la libertad de conciencia y la separación de la iglesia y el estado

Juan Ángel Gutiérrez

Introducción

El jueves, 5 de octubre de 1995, la Conferencia Bautista por la Paz de Puerto Rico, siendo fiel a su tradición bautista, y consistente con sus principios de libertad religiosa y separación de la iglesia y el estado, hizo pública su oposición a la directriz del gobernador de Puerto Rico, Dr. Pedro Rosselló-González del 23 de septiembre de 1995. En esta directriz se le instruye al Secretario de Educación, Hon. Víctor Fajardo, a la institución de un período de cinco minutos de meditación o reflexión antes de comenzar las clases en el sistema público de educación del país.

En este artículo queremos dejar meridianamente claro que no nos oponemos a la oración, la meditación o reflexión en los planteles escolares. Nuestra oposición es a que sea el estado, el gobierno o la legislatura quien legisle o dé pautas de carácter religioso. Creemos firmemente que la función del estado y del gobierno es la búsqueda del bienestar común y de garantizar la paz para todos sus ciudadanos, de manera que puedan ejercitar sus preferencias religiosas, filosóficas y políticas sin temor a la persecución o al rechazo. Creemos firmemente, además, que la educación religiosa es responsabilidad de la familia y de la iglesia.

Esta es una cuestión de principios. Los bautistas nos hemos distinguido por nuestro apego y nuestra verticalidad hacia nuestros principios. Uno de estos principios es la libertad religiosa. La libertad de religión es uno de los conceptos bautistas que ha contribuido grandemente al desarrollo de una sociedad libre y democrática.

> La libertad religiosa es la afirmación histórica de los bautistas de libertad **de** religión, libertad **para** la religión, insistiendo que el César no es Cristo y que Cristo no es el César (Shurden 1993, 45).

El corolario que sostiene este principio es el de la separación de la iglesia y el estado. Ha sido este corolario el que ha ayudado a fortalecer la libertad religiosa y ha sido una importante contribución a la vida política y social de la humanidad.

Perspectiva histórica

Es importante aclarar que el concepto de la libertad de religión se da mucho antes de los hechos de la Reforma Protestante y del desarrollo del anabautismo. Con su edicto de 313, el emperador Constantino oficializa la religión cristiana e intenta suprimir y restringir los cultos de otros grupos religiosos. Para esa época surge entre el paganismo liberal la idea de la libertad o la tolerancia religiosa.

> Temistio, en sus discursos de 364 a Joviano, y de 374 a Valente, reivindica abiertamente el derecho de cada cual a honrar a Dios a través del culto y práctica de su elección (Touchard 1983, 97).

Ante la persecución que se desarrolló en los diferentes países de Europa a causa del desarrollo de los estados nacionales religiosos (apoyo material/económico del estado a la religión y apoyo moral/teológico de la iglesia al estado), se desarrolla el concepto de la libertad de conciencia y religión. Es en este momento que surgen los movimientos anabautistas.

John Smyth, considerado el padre de los bautistas y quien fue perseguido en Inglaterra por la Iglesia Anglicana por su negativa a aceptar el bautismo de infantes, en su libro del año 1612–1614, *Propositions and Conclusions Concerning True Christian Religion,* nos da el primer intento de justificar la libertad religiosa y, por ende, la separación de la iglesia y el estado.

> El magistrado, por virtud de su puesto, no debe inmiscuirse con la religión o cosas de conciencia, para forzar u obligar a los hombres [sic] hacia esta o aquella forma de religión o doctrina: debe dejar la religión cristiana libre, a la conciencia de cada hombre y velar sólo por transgresiones civiles (Lumpkin 1959, 140).

Pero es Thomas Helwys, asociado de Smyth por algún tiempo, quien desarrolla con mayor profundidad el concepto de libertad religiosa.

> El individuo, no la iglesia, hace el Reino de Dios y que los individuos son responsables por obtener el conocimiento de la verdad de Dios...prohibir a un individuo la predicación y el aprender es contrario a la libertad del Evangelio, el cual es libre para todos los hombres [sic], todo el tiempo, en todo lugar (Brackney 1988, 88).

Desde los comienzos de la vertiente radical de la Reforma hay un reconocimiento de la necesidad de libertad religiosa como forma de obtener la verdad de Dios. Helwys, en su libro *The Mystery of Iniquity*, en su dedicatoria al rey Jacobo I, le escribe las siguientes palabras que son y deben ser el fundamento de la libertad de religión:

> Para nosotros la verdad, para ser verdad, debe obtenerse conscientemente, pero cualquiera que sea, tenemos el derecho de pedir que sea respetada por la comunidad en su totalidad (Cook 1947, 133-134).

En el siglo 17 encontramos a personas como Roger Williams, John Clarke y Obadiah Holmes, que lucharon y entregaron sus vidas por la completa libertad religiosa.

John Leland escribió en 1791 un documento titulado *El derecho a una conciencia inviolable*, donde pedía absoluta libertad religiosa:

> Dejemos que cada hombre [sic] hable libremente sin temor, que mantenga los principios en que cree, que adore de acuerdo con su fe, sea un dios, tres dioses, no dios o veinte dioses; permitamos que el gobierno le proteja para que lo pueda hacer (Shurden, 50).

E. Y. Mullins escribió en 1923 lo siguiente:

> Los bautistas creen en la libertad religiosa para ellos. Pero ellos creen en la igualdad de todos los hombres [sic]. Para ellos no es simplemente un derecho: es una pasión. Aunque no simpatizamos con el ateísmo, el gnosticismo o el materialismo, apoyamos la libertad del ateo, del gnóstico y del materialista en sus convicciones religiosas o irreligiosas (Shurden, 50).

Debemos recordar que esta no es la primera vez que el gobierno de Puerto Rico intenta legislar o dictar pautas sobre asuntos religiosos. En 1944 el Comisionado de Instrucción, Sr. Gallardo, protestante, presentó el Plan Gallardo, donde se intentaba incluir la religión como parte del currículo escolar. Se decía, al igual que hoy, que esto mejoraría las condiciones de vida del pueblo puertorriqueño. En aquella ocasión se levantó una fuerte oposición liderada por el grupo Acción Evangélica. Esta organización publicó un tratado explicando su oposición al proyecto. En ese tratado escribieron pastores y líderes denominacionales y conciliares del espectro evangélico de aquella época. En el escrito introductorio, el Rdo. J. R. Lebrón Velázquez nos dice lo siguiente:

> ...no podíamos aceptar tal plan sustituto, por las siguientes razones: porque es contrario al espíritu de la Constitución...; porque los prejuicios de algún maestro inescrupuloso ocasionaría serias dificultades; porque la intolerancia del clero daría al traste con la buena intención del Comisionado; porque no deseamos que nuestro pueblo se divida nuevamente...

Estas palabras siguen siendo tan pertinentes hoy como lo fueron en 1944.

Perspectiva teológica

Hay tres conceptos en la tradición bautista que dan base al concepto de la libertad religiosa.

1. Libertad sobre las Escrituras

Lutero, al enfrentarse a la Dieta de Worms, el tribunal religioso de su época, le informó al tribunal que la única forma en que él podía retractarse de sus 98 tesis sería si el tribunal le probaba con las Escrituras y la razón que estaba equivocado. Esta acción abrió paso a lo que conocemos como la libertad para leer e interpretar las Escrituras.

Este principio tiene como base dos importantes ideas. Primero, se pone a las Escrituras como la última autoridad en lo que se refiere a asuntos de fe y práctica. Segundo, se ve a Jesucristo como la medida de cualquier interpretación de las Escrituras.

Esta idea cuestionaba y socavaba desde sus raíces la estructura religiosa y, por ende, la estructura política de su tiempo. Ya no es el cura, el Papa, la Iglesia o el rey quienes interpretan las Escrituras y dan guías para la vida de la feligresía. Esto llevó a la popularización de la Biblia. Esta libertad para leer e interpretar las Escrituras lleva a la creación y organización de diversos grupos con entendimientos diferentes de doctrina y práctica cristiana.

2. Libertad de conciencia

El concepto de libertad de conciencia surge ante la necesidad de grupos religiosos, diferentes a la religión oficial, de poder reunirse para adorar y organizarse libremente. Para los bautistas esta libertad de conciencia tiene dos vertientes, que muy bien pueden ser herederas de la tradición de Temistio.

La primera vertiente es la idea de la capacidad que cada ser humano tiene de ir delante de Dios sin intermediario alguno. Este concepto se entiende desde la perspectiva de que cada ser humano ha sido creado a la imagen y semejanza de Dios. Esta semejanza nos da la libertad de acercarnos a Dios desde nuestra propia humanidad y desde nuestra propia realidad. Esta idea lleva al desarrollo del principio del sacerdocio universal de todos los creyentes.

La segunda vertiente contiene la idea de una religión voluntaria y personal. Este principio se contrapone al concepto de la parroquia. La iglesia debe constituirse de personas que libremente han hecho una decisión por Jesucristo, y no por conceptos jurídicos, políticos, eclesiológicos, sociológicos, hereditarios o teológicos.

Las ideas de la capacidad del ser humano de ir delante de Dios sin intermediario y la de una religión voluntaria y personal son el fundamento de la eclesiología bautista de una iglesia de creyentes.

Para los bautistas, y para muchos otros grupos productos de la Reforma Protestante, este es uno de los principios más importantes. La iglesia tiene que ser de creyentes para que pueda ser una religión voluntaria y personal. La adopción de una religión estatal, que obligaba a la asistencia y a las ofrendas, llevó a la persecución y represión de un sector de la sociedad en Inglaterra y en otros países de Europa.

Esta iglesia de creyentes tiene tres importantes conceptos: bautismo de creyentes por inmersión, sacerdocio universal de creyentes e iglesia libre.

3. Libertad religiosa

Walter B. Shurden, en su libro *The Baptist Identity: Four Fragile Freedoms*, (p. 49), nos dice que la pasión de los bautistas por la libertad religiosa está basada en tres conceptos:

Primero, la naturaleza de Dios. «Un Dios soberano, quien tuvo el valor de crearnos como seres libres, es presentado en la Biblia como una deidad liberadora».

Segundo, la naturaleza del ser humano. «La personalidad humana es sagrada y el mayor valor de la vida. El denegar la libertad de conciencia a cualquier persona es quitar la base de la creación».

Tercero, la naturaleza de la fe. «Para ser una fe auténtica debe ser libre. Una fe genuina no puede ser forzada o denegada por el estado».

Shurden, además, nos dice que la libertad religiosa tiene varias dimensiones, a saber:

Primero, «La libertad religiosa representa un compromiso por completa libertad religiosa y no simplemente tolerancia religiosa».

Segundo, «Históricamente los bautistas han estado claros en que la libertad religiosa es para todos; no para unos pocos ni tampoco para una mayoría. El derecho de no creer es tan sagrado como el derecho de creer».

Tercero, «La libertad religiosa significa separación de la iglesia y el estado, y no acomodo entre la iglesia y el estado» (Shurden, p. 50).

El gran teólogo puertorriqueño, Rdo. Domingo Marrero Navarro, nos da luz sobre lo que verdaderamente significa la libertad religiosa, en su escrito *Consideraciones sobre el proyecto de educación religiosa en las escuelas públicas* (1944), cuando señala: «La religión es para espíritus libres y su libertad arranca desde los mismos fundamentos, desde los primeros pasos del proceso educativo».

Separación de la Iglesia y el Estado

No es hasta que el Congreso de las Trece Colonias, lo que luego sería los Estados Unidos de Norteamérica, se reúne para desarrollar la Constitución y la Carta de Derechos, que se comienza a tratar el asunto no sólo de la tolerancia religiosa, sino de la libertad de religión y la separación de la iglesia y el estado. La situación histórica prevaleciente era que cada colonia tenía una religión oficial y existían diversas vertientes y religiones dentro de ellas. Se perseguía a las personas que no se adherían a los conceptos y preceptos doctrinales de la religión oficial de cada estado en particular.

Para el 1804 Patrick Henry y George Washington presentaron un proyecto de ley en el estado de Virginia para obligar a todo ciudadano a pagar un impuesto general para, de esta manera, apoyar la religión de su preferencia (Brackney 1983, p. 141).

Ante esa realidad, para los bautistas ya no era meramente mantener la libertad religiosa, sino desligar la iglesia totalmente del estado. Es Thomas Jefferson quien en 1804 desarrolla la famosa frase «la pared de separación entre la iglesia y el estado». La inclusión del Artículo 1 de las enmiendas a la Constitución de los

Estados Unidos fue una victoria para los bautistas por su lucha por la libertad religiosa. Fue integrado en la Sección 3 del Artículo 1 de la Constitución del Estado Libre Asociado con una oración que no existe en la Constitución de los Estados Unidos de Norteamérica: «Habrá completa separación de la iglesia y el estado». Este artículo ha sido copiado por prácticamente todas las constituciones de todos los países del mundo. Aun la Carta de los Derechos Humanos de las Naciones Unidas apoya la libertad de religión como un derecho inalienable.

Este concepto de separación de la iglesia y el estado tiene como base dos perspectivas del mundo, basadas sobre una idea política y una teológica.

En primer lugar, la idea de la separación de la iglesia y el estado se fundamenta en el *Contrato Social* de Hobbes. La idea es que el estado representa una asociación entre los miembros de esa sociedad, por lo tanto, el estado representa a la totalidad de la sociedad. Se entiende de esta manera que el estado puede negociar con los diferentes sectores de la sociedad. La separación de la iglesia y el estado es un contrato hecho por las iglesias y el estado para beneficio mutuo. Pero este contrato se basa, según August Strong en su libro *State and Church in 1492 and in 1892,* en que la iglesia ayudará al estado «declarando que los poderes del Estado son ordenados por Dios, y que cada ciudadano en todo lo que se refiere a asuntos civiles, debe obediencia a la autoridad constituida» (pp. 6–7). Esto ya es claramente una violación a la libertad de religión porque no todo el mundo cree que el estado civil es instituido por Dios.

La perspectiva teológica que apoya la separación de la iglesia y el estado es la de *las dos ciudades* de san Agustín. Este entiende que hay dos mundos: uno terrenal y otro espiritual. Que Dios ha ordenado que la iglesia tenga injerencia en lo espiritual y que el estado haga lo propio en lo terrenal, aunque se admite la supremacía de la iglesia en la totalidad de la vida.

Este concepto de la separación de la iglesia y el estado es complicado. Tiene un desarrollo histórico particular y tiene un propósito histórico también. El no tomar esto en consideración es no entender la realidad del pensamiento humano. Este concepto no sólo significa que habrá libertad de culto y que el estado no favorecerá ninguna religión en particular, sino que tampoco legislará sobre asuntos religiosos.

El momento histórico en que vivimos no es para atender la superficialidad del concepto, sino para trabajar a profundidad y con seriedad las bases teológicas, sociológicas y políticas que sostienen esta idea. El no hacerlo significaría que tenemos un pobre entendimiento del concepto y de nuestra realidad.

Pero aun más, la libertad de conciencia y de religión no es algo que uno adquiere, sino algo que se da. El pastor César Maurás escribe: «Defender el principio de la libertad de conciencia es garantizar a los demás el poder de disentir, en obra y pensamiento, sin temor a ser marginados, sin temor a ser señalados y sin temor a ser condenados. Es estar en disposición a luchar porque al disidente se le permita disentir» (*El Nuevo Evangelista,* 1985, p. 20). Pedir algo que no se está en disposición de dar es hipocresía. La libertad de conciencia y de religión se hace realidad solamente cuando se está en disposición de darla a otra persona. La libertad de religión no es sólo para los cristianos y cristianas, sino para todo ser humano que busca tener un encuentro con el Creador.

Aspectos bíblicos

Tanto el Primer como el Segundo Testamento nos ofrecen claros ejemplos de lo que debe ser la libertad de religión.

En primer lugar tenemos la relación de Jehová Dios con el pueblo de Israel. Esta relación se basaba en una mutua libertad. Jehová escogió a Israel e Israel escogió a Jehová. El discurso final y de despedida de Josué es un claro ejemplo de esa libertad. Josué invita al pueblo a decidir entre servir a Jehová o servir a los dioses de los cananeos. Josué hace pública su decisión e invita al pueblo a hacer lo mismo.

En segundo lugar, tenemos la relación de Jesús con sus discípulos. Jesús no obliga a nadie a seguirle o aceptar su mensaje. Él llama a cada uno de los discípulos a tomar una decisión personal ante ese llamado. A la misma vez, la relación de Jesús con cada discípulo es diferente, está basada sobre la libertad.

En tercer lugar, encontramos la experiencia de la primera comunidad cristiana. En el libro de los Hechos se nos presenta una lucha de poder entre Pedro y Pablo. El primero pedía fidelidad a las tradiciones judías; el segundo abogaba por la libertad religiosa de los gentiles.

En la Primera Epístola a los Corintios el apóstol Pablo le hace un interesante planteamiento a la iglesia de Corinto:

> Ahora vemos por espejo, obscuramente; mas entonces veremos cara a cara. Ahora conozco en parte; pero entonces conoceré como fui conocido (1 Co 13.12).

Nuestro conocimiento de Dios en el presente es limitado. Ante nuestra limitación humana de conocer totalmente la realidad de Dios es que necesitamos permitir al ser humano acercarse a Dios desde su propia experiencia, historia y contexto. Esta libertad no debe ser vista como una maldición (como lo ve la derecha religiosa), sino como una posibilidad de poder conocer más plena y profundamente la realidad de Dios en medio nuestro.

Conclusión

La directriz del Hon. Gobernador Rosselló sobre los cinco minutos de reflexión, a la luz de nuestra historia y principios, levanta en nosotros y nosotras unas serias preocupaciones e interrogantes.

Primero: ¿Cómo estos cinco minutos van a ser organizados? Con la variedad y diversidad religiosa y filosófica en nuestro país lo que podría crearse es un caos en el salón de clase. ¿Qué va a estar permitido y qué no? Hay algunas religiones que meditan y oran en voz alta; otras cantan; otras se arrodillan; otras requieren quemar incienso.

Segundo: ¿Quién estará a cargo de estos cinco minutos? Si los maestros y maestras van a supervisar ese tiempo, ¿cuáles son las directrices para esa supervisión? ¿Quién va a supervisar a los maestros y maestras para asegurarnos de que ningún estudiante o maestro imponga su práctica o doctrina? ¿Quién nos va a asegurar que el maestro o la maestra, por el poder y control que tiene en su salón de clase, no imponga su criterio religioso o filosófico, especialmente en la escuela elemental?

Cualquier directriz respecto a estos dos puntos ya representa una clara violación a la separación de la iglesia y el estado.

Tercero: Nos preocupa que sea el estado y el gobierno quienes estén dando instrucciones muy específicas sobre este tiempo de reflexión: el tiempo (cinco minutos), el lugar (el salón de clase), el cuando (antes de comenzar las clases), y la forma (en silencio).

Cuarto: Nos preocupa, además, que, siendo un pueblo predominantemente cristiano, miembros de otras religiones o doctrinas se sientan amenazados o atemorizados de expresar sus ritos o prácticas religiosas ante la posible burla de sus compañeros y maestros. ¿Cómo vamos a asegurar de que luego que el estudiante o el maestro haga pública su opción religiosa o filosófica, estos no sean marginados o discriminados por la población en general o la escolar?

Quinto: Creemos en el poder de la oración, la meditación y la reflexión. La oración tiene como propósito un encuentro con Dios que nos lleve a la transformación de nuestra vida. La oración no es un amuleto o un acto de magia que va a resolver nuestros problemas. La oración es un momento de intimidad que compartimos con Dios y con los que son parte de su pueblo. A través de ella escuchamos la voz de Dios y su voluntad para nuestra vida y quienes nos rodean.

No creemos y nunca hemos creído que la repetición de oraciones sea muestra o señal de espiritualidad. Tampoco que traerá cambios si no hay una profunda experiencia de encuentro transformador.

Sexto: Es preocupante que el Honorable Gobernador y el Secretario de Educación asuman que Dios no está ni en la escuela ni en las estructuras gubernamentales. ¿Qué de los miles de maestros y maestras cristianos que todos los días son ejemplo de vida a sus estudiantes? ¿Qué de los miles de cientos de estudiantes cristianos que han hecho un compromiso con Jesucristo y son ejemplo de un verdadero cristiano o cristiana en el salón de clases o en la escuela? ¿Qué de los miles de estudiantes cristianos que se reúnen diariamente para orar y estudiar la Biblia en nuestros planteles escolares, sin ayuda ni dirección del estado?

Séptimo: Debe preocuparnos, además, que la aceptación acrítica de esta acción sea una admisión de parte de la Iglesia de Jesucristo de que ha fracasado en su misión de llevar el Evangelio a todo lugar. Ante la situación imperante en nuestro país y en nuestras escuelas no necesitamos la ayuda del estado. La iglesia nunca ha necesitado del estado para hacer su misión. Históricamente, cuando el estado y la iglesia se han unido para «mejorar la sociedad» los resultados han sido desastrosos.

El Rdo. Ángel Acevedo, en 1944, dijo:

> Si en la actualidad es deficiente la enseñanza religiosa en Puerto Rico, no es el estado el llamado a corregir esa deficiencia, porque esa no es su misión: ello le incumbe únicamente a la iglesia y al hogar.

Octavo: Otro motivo de preocupación es que el Gobernador no haya consultado con el pueblo o con la legislatura una decisión que él mismo ha catalogado como controversial. Creemos que una decisión tan controversial como esta debió haber sido discutida en vistas públicas en las cámaras legislativas donde ya existe un proyecto de ley. En estas vistas el pueblo podría expresarse ante esta idea, y tanto el Gobernador como los legisladores y legisladoras, palpar el sentir del pueblo ante esta disposición.

Entendemos el interés del Gobernador de mejorar la calidad de vida en nuestras escuelas y nuestro país. Creemos que hay una alternativa razonable y que no viola la separación de la iglesia y el estado. Sugerimos al Gobernador que instruya al Secretario de Educación a hacer disponibles las instalaciones de las escuelas a los grupos de estudiantes que deseen reunirse, libremente y por iniciativa propia, antes de comenzar las clases, en la hora de almuerzo o al concluir el horario escolar, para orar, meditar, reflexionar o estudiar un texto sagrado o filosófico o lo que los estudiantes deseen. Esto sería mucho más beneficioso, pues le proveería al estudiantado mayor tiempo para esta actividad y se haría en un ambiente de total libertad y confianza, lo cual permitiría un verdadero crecimiento espiritual.

Ante la encrucijada en que nos encontramos, Pablo le da un consejo a la iglesia de Corinto que nos puede ser de mucha ayuda: «Todo me es lícito, pero no todo conviene; todo me es lícito, pero no todo edifica. Ninguno busque su propio bien, sino el del otro» (1 Co 10.23-24).

Posiblemente nos agrada la idea. Quizá la idea sea buena. La pregunta debe ser si nos conviene como iglesia y si nos edifica como pueblo. Pero sobre todo, Pablo nos llama a que busquemos el bien del otro y no el nuestro. ¿Es esta medida un bien para nuestro prójimo? ¿Es esta medida un bien para la iglesia?

El Rdo. Lebrón Velázquez (1944) nos ilustra nuevamente:

> La aparente solución que se ofrece para conjurar el mal es contraproducente y en ninguna forma resuelve la aguda crisis que se ha iniciado en nuestra corrupta sociedad. En Puerto Rico se ha enseñado demasiada religión por cuatrocientos años. Lo que no se ha hecho es vivir la religión, aun por los que la han predicado con ardores falangistas. **La moral no es un concepto abstracto, impreciso...Es realidad...hay que vivirla y sentirla como una necesidad del espíritu** (negrillas del autor).

El Rdo. Alberto Casillas, en un escrito sobre la separación de la iglesia y el estado (*El Nuevo Evangelista*, 1985, p. 7), afirma que «la separación de Iglesia y Estado significa únicamente que la Iglesia sólo se debe a Jesucristo, quien es su Señor». Al fin y al cabo, de eso es que se trata: de quién es el Señor de la Iglesia, ¿el estado, la estructura eclesial o Jesucristo?

Para estudio y discusión

1. ¿Cuáles son algunos fundamentos bíblicos e históricos para la libertad que afirmamos los bautistas?
2. ¿Qué significa ser libre de acuerdo con el principio bautista?

3. ¿En qué consiste el gobierno congregacional? Enumere algunas características básicas de esta forma de gobierno eclesiástico.
4. ¿Cuál es la diferencia entre ser democráticos y ser congregacionales?
5. ¿Por qué los bautistas insistimos en la separación de la Iglesia y el Estado?
6. ¿Cuáles son las implicaciones de una comunidad libre?
7. ¿Cuáles son las responsabilidades de una congregación local?
8. ¿Qué es la libertad de conciencia y la libertad religiosa?

capítulo 5

El pastorado en una iglesia bautista

Introducción

Desde los comienzos mismos de nuestra denominación en el siglo 17 el asunto del ministerio pastoral ha sido motivo de mucha consideración y discusión, hasta nuestros días. Muchas personas se acercan al tema desde diferentes perspectivas.

Vamos a tratar el tema del pastorado considerando su naturaleza, su esencia, la preparación teológica y la ordenación, sus responsabilidades y tareas, incluyendo a la mujer en el pastorado.

La naturaleza del pastorado

Cuando hablamos de «la naturaleza» de algo, nos referimos a la esencia, a las condiciones naturales o innatas de lo que estamos considerando. Son los elementos *sine qua non*, sin los cuales no se puede explicar o entender eso que queremos describir.

En primer lugar, el ministerio es un *llamamiento.*

El pastor o la pastora es una persona que ha sido llamada por Dios para ejercer un ministerio por encomienda divina. El Señor lo hace en diferentes maneras, pues no hay dos formas iguales en la Biblia, en la historia de la iglesia o en la experiencia de quienes estamos en el pastorado.

Dios quiere que estemos en el pastorado y en última instancia no es decisión nuestra. Esa es la importancia de las palabras en el libro de Hebreos 5.4: «Y nadie toma para sí esta honra, sino el que es llamado por Dios, como lo fue Aarón». Dios lo hizo por la gracia, pues nada podemos reclamar de nuestra parte, excepto que, igual que todos los seres humanos, estamos llenos de debilidades. No podemos dar la impresión de que Dios se hizo un favor a sí mismo cuando nos llamó a su servicio.

Esto es necesario porque la tarea por delante no es fácil y constantemente tenemos que ser afirmados en esa realidad. Quien crea que el ministerio es una tarea fácil, está en el lugar equivocado. No es el lugar para venir a ganarse el dinero fácilmente, ni a conseguir prestigio. No podemos venir al ministerio con imágenes falsas e ilusorias de la responsabilidad que hay sobre nuestros hombros.

Hay momentos en esta tarea en que estamos prestos a darnos por vencidos o vencidas, a «tirar la toalla», y solamente la afirmación del llamado nos puede mantener en el servicio. Recordemos las palabras del texto (Hebreos 5.4) en el sentido de que somos llamados y llamadas al servicio de en medio de los seres humanos. No somos ni ángeles ni seres superiores. Somos humanos que, por la gracia de Dios, nos encontramos en la viña del Señor.

Hay algunas circunstancias que nos pueden llevar a pensar que nuestro llamamiento no es verdadero. Por ejemplo: cuando laboramos fiel y constantemente y no vemos resultados en una sociedad embriagada con el éxito, o cuando nos encontramos con personas, a todos los niveles de la iglesia, que no son constantes en sus acciones. Cuando estas cosas suceden, tenemos la tendencia a perder la confianza en los seres humanos, en lugar de aceptarles como parte de nuestra responsabilidad.

Ese sentido de llamado no se debe limitar al llamamiento original, sino que debe ser una experiencia constante y continua. Cada cambio pastoral lo debemos ver como un nuevo llamado. Eso nos ayudará a enfrentar la tarea con un sentido divino y no exclusivamente como un cambio de trabajo. Eso también implica que uno acepta que Dios lo puede mover a su conveniencia. Es el sentido que somos de Él y que Él nos guía.

Lo segundo es que el pastorado es una *vocación*. Eso quiero decir que la persona tiene un mínimo de capacidades. Debe ser alguien a quien le guste trabajar y estar con las personas. El sujeto de nuestro trabajo son personas y debemos reconocerlo así. Personas es lo que Dios nos ha dado para que sean nuestras colaboradoras.

Tenemos que aprender a trabajar con grupos sin sentirnos amenazados y sin sentir la necesidad de controlarles y manipularles innecesariamente. No podemos ser dictadores, pero tampoco podemos tomar una actitud de *laissez faire*. Necesitamos tener la habilidad de retar, inspirar a personas y guiarlas de acuerdo con lo que consideramos la voluntad divina. Eso nos exige tener paciencia.

El pastor o la pastora debe ser una persona con habilidad para comunicar a distintos niveles. Es falso creer que la única manera de comunicarnos con las personas es por medio de la predicación. Hay otras formas tan o más efectivas, como son la visitación y las relaciones interpersonales.

Debemos ser personas que estamos estudiando o leyendo constantemente—de todos los temas posibles—para poder crecer en nuestra efectividad como siervos y siervas de Dios. Es una manera de mantenernos al día y poder reaccionar a asuntos y situaciones con pleno conocimiento. Debemos saber lo que está pasando a nuestro alrededor y en el mundo que nos rodea.

En tercer lugar es necesario reconocer que somos *profesionales*. Ésta es una palabra a la cual le hemos dado una connotación negativa, pues siempre pensamos en dinero y comodidades. Nada más lejos de la realidad. Tiene que ver con la forma como ejercemos el pastorado. Esta es la razón de ser de nuestra educación, pues ella nos da herramientas para hacer efectivamente nuestra tarea. La educación teológica no hace pastores ni pastoras, pero provee la oportunidad para afirmar nuestro llamado, descubrir nuestra vocación y adquirir las destrezas necesarias para poder ejercer un ministerio que responda a las necesidades de las personas, la iglesia y el mundo.

Ser profesional significa, además, que dedicamos una porción responsable y significativa de tiempo y energías a todas las tareas que tenemos por delante. Algunas cosas requieren menos tiempo y otras requieren más. Como profesionales debemos obedecer el reto paulino de redimir el tiempo. Debemos cuidarnos de dedicar demasiado tiempo a lo que nos gusta y evitar las tareas que nos son pesadas.

Ser profesional es tener una disposición de hacer trabajo de calidad en todo. No podemos caer en la tentación de creer que todo lo que hacemos para el Señor está bien y, por lo tanto, podemos conformarnos con la mediocridad. En todo debemos tener la convicción que hemos dado lo mejor de nuestras habilidades y lo mejor de nuestro tiempo. Nuestras capacidades naturales las debemos desarrollar al máximo, pero igualmente con aquellas que hemos adquirido en el camino.

Ser profesional es aprender a hacer bien, y si es posible a la perfección, las tareas que no nos gustan o para las cuales no tenemos mucha habilidad. En el ministerio hay algunas labores para las cuales nos tenemos que obligar o empujarnos a nosotros mismos o nosotras mismas. Eso requiere una buena porción de disciplina. Muchas cosas que uno hace por disciplina u obligación al principio, luego se convierten en parte de nuestra naturaleza.

Así que la naturaleza del pastorado es asunto de *llamamiento*, de *vocación* y de *profesión*.

El llamamiento

Los bautistas nos hemos distinguido por nuestro apego a las Escrituras, entendiendo que allí está revelada la voluntad de Dios para las personas como individuos y para la iglesia como pueblo de Dios. Proclamamos que Jesucristo es la perfecta revelación de Dios para los individuos y para la comunidad de fe.

Con esta afirmación como base, entendemos que el concepto de llamamiento en una iglesia bautista tiene que considerarse a la luz de nuestro principio de sacerdocio universal de creyentes. Una iglesia bautista insiste en la igualdad de posición, de participación y de privilegio entre sus miembros.

Los bautistas apoyamos esta afirmación en el concepto neotestamentario de que todos los creyentes son llamados a ser ministros, según los dones que han recibido. Mantenemos y afirmamos el ministerio de laicos, lo que no contradice en manera alguna la práctica de tener ministros especialmente preparados y capacitados para ser sus pastores y pastoras (Anderson 1978, 68-79).

Afirmamos, además, que el ministerio de laicos y el ministerio de pastores y pastoras no difieren en su naturaleza, sino en su función (Torbet 1953, 10-134; Howe 1981, 92). Dentro del llamamiento general—sacerdocio universal del creyente—hay un llamamiento particular que se distingue por unos dones del Espíritu que han sido dados para beneficio de la iglesia. Estos dones hacen a estas personas *diferentes*, pero no superiores.

Anderson (1978, 69) citando a Hudson, con respecto al llamamiento, nos escribe:

> El término «el llamamiento al ministerio» es confuso porque realmente todos los creyentes son llamados a ser ministros. Lo que quiere decir es la *vocación pastoral*. Mucha gente piensa que esta vocación es un asunto puramente privado e interior entre el individuo y Dios... Esta interpretación individualista no concuerda con la interpretación bautista primitiva (antes de 1859). Puesto que el pastor [sic] predica, enseña y ministra en un papel representativo, el llamamiento de Dios es exterior por medio de la congregación. El llamamiento secreto e interior resulta ser la seguridad interior que viene cuando uno siente que es la voluntad de Dios que secunda positivamente la invitación exterior de la iglesia (énfasis nuestro).

El llamamiento es una experiencia personal que es probada y aprobada por la iglesia, y esto es lo que le da autoridad al ministro o ministra para ejercer sus funciones (Shurden 1993, 91).

El concepto bautista del ministerio se rige por el principio de que es el ministerio de *la iglesia*, y no solamente de un individuo. Es la iglesia la que predica la Palabra y la que administra las ordenanzas, y es la iglesia la que, a través de su pastor o pastora, ministra al mundo (Shurden 1993, 91).

Ordenación

Entre los bautistas la ordenación es el reconocimiento de la congregación de que esa persona tiene dones espirituales especiales que determinan que ha sido separada para el ministerio. Se entendía que el pastorado provenía de los dones y no al revés.

Surgió la ordenación de la necesidad de formar y preservar la calidad del ministerio, por lo cual se hizo necesario establecer ciertos criterios para la ordenación. El proceso ha sido bastante consistente a través del tiempo: entrevista del pastor con la junta o cuerpo que gobierna la congregación, quienes hacen la recomendación final; la congregación toma la decisión de ordenar a la persona; invita a las congregaciones vecinas, que conforman el concilio de ordenación e interrogan o examinan al candidato y de resultar aprobado, se le impone las manos (Cole 1976, 116).

Desde comienzos de nuestra denominación la selección y ordenación de un candidato al ministerio siempre ha estado en las manos de la congregación. Era frecuente que un joven se encontrara camino al pastorado porque algún pastor o amigo había reconocido en él ciertos dones, particularmente en la predicación y el poder espiritual. Muchos de nuestros más eminentes ministros llegaron a sus posiciones en el ministerio de esa manera. Esas congregaciones reconocían la práctica neotestamentaria de «separar» a las personas dotadas mediante la imposición de las manos.

La ordenación también implica que la persona ha tomado en serio el divino llamamiento y ha dado evidencia de ello mediante la preparación o la formación teológica y una vida santa (Shurden 1993, 71).

La preparación o formación no tomó auge sino hasta finales del siglo 17. Ya en 1679 los bautistas particulares de Londres habían establecido un fondo para la educación teológica de sus ministros y un seminario en Bristol, Inglaterra (Brackney 1988, 53).

Anterior a la fecha de establecimiento de escuelas teológicas en América, se ofrecía adiestramiento para el ministerio en algunos colegios, establecidos entre 1850 y 1860 (Brackney 1988, 53). En 1825 se estableció la primera escuela dedicada exclusivamente a la educación teológica postgraduada, Newton Theological

Institution. En 1850 la Unión para Educación Ministerial de los Bautistas de Nueva York estableció el Seminario Teológico de Rochester, segunda institución de esta clase (Torbet 1953, 45).

El lugar del pastor o la pastora en una iglesia bautista

La figura del pastor o la pastora en una iglesia bautista ocupa diferentes posiciones, dependiendo de quién la defina. Consideraremos la opinión de eminentes historiadores y teólogos bautistas para establecer el lugar del pastor o la pastora en una congregación bautista.

El propósito del ministerio, de acuerdo con la Primera Confesión de Londres (1689), es «alimentar, gobernar, servir y edificar la Iglesia de Cristo...de acuerdo con las ordenanzas de Dios y no por lucro». Para propósitos funcionales, los bautistas modernos hemos reconocido solamente una orden de ministerio, que algunos denominan pastor, obispo, o simplemente, predicador.

Las tareas primarias del pastor o la pastora son *predicar la Palabra, administrar las ordenanzas y velar por la vida espiritual de la congregación* (énfasis suplido) (Brackney 1988, 50-51). A esta lista de tareas McBeth (1987, 76) le añade la de dirigir en la adoración y en el testimonio y en mantener la disciplina de la congregación.

Según Morikawa (1961, 14), prominente evangelista bautista y quien fue director de evangelismo de las Iglesias Bautistas Americanas, el ministerio de la iglesia en el mundo debe ser mayormente el ministerio del laicado porque estos son la iglesia en el mundo. La función del pastor o la pastora entonces será *adiestrar y equipar a* ese laicado para que se conviertan en ministros de Jesucristo a tiempo completo (Efesios 4.11-12).

Morikawa nos presenta la figura pastoral como la persona que capacita al laicado para la misión general de la iglesia. Por lo tanto, en este ministerio tendrá que ejercer funciones congruentes con la misión de la iglesia.

Siendo la predicación central a la misión de la iglesia, el púlpito es el lugar clave donde el pastor o la pastora ejerce su liderazgo. La predicación deberá ser efectiva y pertinente. La predicación coloca al pastor o pastora en el punto focal de la vida de la iglesia, capacitando a la iglesia para un testimonio efectivo en el mundo (Morikawa 1961, 19, 26). Morikawa asigna otras tareas al pastor o pastora, entre ellas: líder en la adoración, teólogo, educador, consejero.

Citando a Richard Niebuhr [*The Purpose of the Church and Its Ministry*], Morikawa presenta la figura pastoral como director pastoral. Esta persona realiza la tarea que «reclama la mayor parte de su tiempo y pensamiento, que es el cuidado de la iglesia, *la administración de una comunidad*, dirigida hacia el propósito total de la iglesia, esto es, fomentar entre los seres humanos el amor hacia Dios y el prójimo» (énfasis nuestro).

Esta tarea del pastor o la pastora como administrador o administradora comprende todo su ministerio para ayudar a la gente a ser el pueblo de Dios (Morikawa 1961, 50). No se trata meramente de administrar los bienes materiales de la congregación, sino de administrar los dones del Espíritu, mediante la predicación, la educación, la consejería, la visitación, etc., de manera que la comunidad de fe sea testimonio vivo en la sociedad. Cada actividad de la iglesia, cualquiera que sea, tiene que estar de acuerdo con los propósitos de Dios para ella.

Shurden (1993, 99ss) presenta la figura pastoral como siervo-pastor o sierva-pastora. Este autor afirma que la misión de cada creyente es el servicio cristiano. El mandato bíblico del llamamiento del pastor o la pastora es a servir. En cierto modo son «esclavos» de Cristo y son sus ministros o ministras en las iglesias y a la gente. En este respecto, afirma que el pastor o la pastora deben darle más peso a sus responsabilidades que a sus privilegios. Las funciones distintivas del pastorado no son para propósitos de vanagloria, sino unos medios a través de los cuales servir a Dios, a la iglesia y a las gentes (Shurden 1993, 111; Cole 1976, 114-115).

Anderson (1978, 69) añade otro elemento a estas definiciones: el concepto de *primus inter pares* (el primero entre iguales). Este concepto se define como que el pastor o pastora preside (dirige) la congregación sin mandarla. O sea, es igual que el resto de los miembros de la congregación, pero con una función muy particular que le coloca al frente.

Sin embargo, nos parece que uno de los problemas que ha presentado el pastorado en una iglesia bautista es el asunto de la autoridad. La definición de la Confesión de Londres incluye la función de *gobernar*. Según el diccionario, gobernar es regir; dirigir una colectividad dictando las disposiciones para su marcha ordenada y haciéndolas cumplir.

Esta definición contempla un ingrediente de poder y autoridad que ha sido como la manzana de la discordia en el pastorado bautista. En la función de gobernar en términos políticos se sobreentiende que la autoridad y el poder han sido delegados a la persona que gobierna. ¿Cómo, pues, conciliamos esto con el pastorado en una iglesia bautista?

La autoridad en una iglesia bautista

Para comenzar definiremos los términos *poder* y *autoridad*. Por *poder* se entiende la habilidad para llevar a cabo *la voluntad propia* (de la persona que la hace) a pesar de la inercia o resistencia de los demás. Es la habilidad de influenciar o controlar las acciones de los demás, aun cuando no haya una sanción o aprobación para ese control.

La *autoridad* es la posesión por una persona del poder que ha sido oficialmente legitimado y voluntariamente aceptado y ofrecido por el grupo. Es obvio, entonces, que poder es un término más inclusivo que autoridad. La autoridad es una función especializada del poder (Harrison 1959, 60-61).

A principios del siglo 17 Juan Smyth, uno de los más prominentes separatistas ingleses, dijo:

> Mantenemos que la autoridad de los ancianos [pastores] en la iglesia consiste en conducir, en guiar y en vigilar...y la palabra final descansa en la asamblea de la congregación a la cual los ancianos deben ceder...*la congregación puede hacer cualquier cosa sin los ancianos, pero los ancianos no pueden hacer nada sin la aprobación de la congregación* [énfasis nuestro] (Anderson 1978, 67).

Los bautistas, a través de nuestra historia, hemos sido renuentes a otorgar poder y autoridad a ningún líder, derivada esta práctica de la doctrina del sacerdocio universal del creyente. Una congregación bautista insiste en la igualdad de posición, de participación y de privilegio entre sus miembros. Los pastores son funcionarios, llamados por Dios y nombrados por la congregación local, que no tienen otra autoridad que su testimonio y su fidelidad en el cumplimiento de su función ministerial (Anderson 1978, 66-69).

A estos mismos efectos, Harrison (1959, 53), citando a Pruden, dice:

> El pastor [sic] en una iglesia bautista es simplemente el miembro de la iglesia que predica. En una reunión de la congregación él tiene *un* voto...y el voto del miembro más insignificante tiene *el mismo valor que el del pastor* (énfasis nuestro).

Morikawa (1961, 51-52) expresa que en una iglesia bautista la autoridad reside en la congregación y que ésta la da al pastor o pastora, o sea, es una autoridad delegada.

Debemos notar, sin embargo, que a mediados del siglo 17 los bautistas generales introdujeron una tercera categoría de funcionario parroquial—los otros eran pastores y diáconos—, que se conoció como *mensajeros*. Estos eran una especie de obispo o sobreveedor que tenían una función extra parroquial (los pastores y los diáconos solamente predicaban en sus parroquias o iglesias locales). Los mensajeros podían predicar en cualquier iglesia y una de sus responsabilidades mayores era visitar las iglesias sin liderato pastoral, iglesias con problemas, iglesias flojas en la fe y siendo atacadas por falsas doctrinas. La diferencia entre el pastorado y los mensajeros estaba únicamente en su ámbito de acción y no en su poder o autoridad (Brackney 1988, 52).

Esta función de mensajero se ha desarrollado hasta llegar a como la conocemos en la actualidad: secretarios o ministros ejecutivos, secretarios generales, o ministros de área o de asociación.

Concluimos que el pastor o la pastora debe reconocer y aceptar que: (1) la autoridad final en una iglesia bautista está en Jesucristo, el Señor de la Iglesia, como nos lo revela su Palabra; (2) la congregación—la reunión de todos los creyentes—es la depositaria y administradora de esa autoridad, y (3) el pastor o la pastora «dispondrá» de la autoridad que la congregación, de acuerdo con su interpretación de las Escrituras y la dirección del Espíritu Santo, le de y le autorice.

No es aconsejable, bajo ninguna circunstancia, que el pastor o la pastora imponga su voluntad—aunque esté convencido o convencida de que su posición es la correcta—en asuntos donde la congregación haya tomado una determinación. En dicho caso, la tarea pastoral será de persuadir, convencer a la congregación de la conveniencia de tal o cual asunto, sin violentar la voluntad (autoridad) que le corresponde a la comunidad de fe.

Si el pastor o la pastora se reconocen como un primero entre iguales, podrá tratar estas situaciones de manera creativa y educativa y sin detrimento a su función de líder, de dirigente de la congregación.

La mujer en el ministerio

La figura de la mujer en una iglesia bautista todavía provoca incomodidad en muchas personas y congregaciones. En el siglo 20 la presencia femenina en el pastorado tomó un auge extraordinario. Muchas personas piensan que, en efecto, esto ha sido un fenómeno del siglo pasado. Sin embargo, la historia nos enseña otra cosa.

Desde comienzos de nuestra denominación las mujeres han ejercido liderato como reconocimiento de sus dones y compromiso con la iglesia. Se les ordenaba diaconisas, lo cual comprendía la visitación a enfermos, levantar y distribuir los fondos de beneficencia, ayudar en la disciplina mediante la amonestación. Entre los bautistas generales se incluía la predicación y la enseñanza (McBeth 1987, 77). A algunas mujeres en América se les asignó la tarea de abrir nuevas iglesias[1].

Los bautistas americanos (antes bautistas del norte) hemos

estado ordenando mujeres por más de 125 años. En la actualidad tenemos mujeres ordenadas al ministerio en todos los niveles, desde pastoras, profesoras de seminario, misioneras, hasta ejecutivas regionales y denominacionales.

A pesar de que ya en 1620 los bautistas de Inglaterra debatían si las mujeres podían hablar o predicar en las iglesias, en un documento de 1641 encontramos que la iglesia Broadmead, en Bristol, Inglaterra, nombró seis mujeres predicadoras—Ana Hempstall, Mary Bilbrow, Joanne Bauford, Susan May, Elizabeth Bancroft y Arabella Thomas. Se explica en el documento que tuvieron que nombrar a estas «mujeres piadosas» porque no había hombres que hicieran la tarea.

En América los registros indican que ya en 1869 la señora A. Gerry era pastora de una iglesia bautista; y en 1880 encontramos seis mujeres en el pastorado bautista.

Conclusión

El pastor o la pastora en una iglesia bautista es la persona que ha sido dotada con unos dones espirituales muy particulares y que ha sido reconocida como tal por una congregación local. Su función principal es la de dirigir una congregación según la voluntad de Dios expresada a través de la comunidad de creyentes.

Esta función de dirigir la congregación se lleva a cabo a través de la predicación, de la enseñanza y de la administración de los dones del Espíritu y de los bienes materiales.

El pastor o la pastora reconoce que la autoridad de la iglesia es Jesucristo. Por lo tanto, entiende y reconoce que su autoridad, que es delegada, está sujeta en primer lugar a Jesucristo como Señor de la Iglesia y a la congregación como pueblo de Dios.

Para estudio y discusión

1. ¿Cuál es la relación entre nuestros conceptos de llamamiento o llamado y el sacerdocio universal de la persona creyente?
2. ¿Cuáles son algunas de las características del pastorado?
3. ¿Por qué afirmamos que el pastor o pastora es un o una profesional?

4. ¿Por qué los bautistas insistimos en la preparación o educación teológica para nuestro pastorado?
5. ¿Qué representa o significa la ordenación en una iglesia bautista?
6. ¿Cuál es el lugar del pastor o pastora en relación con los laicos en una iglesia bautista? Explique la posición del pastor o pastora en esa relación.
7. ¿Cuáles son las tareas principales de los pastores o pastoras?
8. ¿Qué es lo que administra el pastor o la pastora? ¿Qué significa esto en términos prácticos?
9. ¿Cuál es la diferencia entre poder y autoridad? ¿Dónde se coloca el pastor o la pastora en relación con el poder y la autoridad?

Nota

1. En 1639, Catalina Scott animó a Roger Williams a comenzar una iglesia bautista en Rhode Island, que vino a ser la primera iglesia bautista de América, iglesia que todavía existe en su templo original.

capítulo 6

La adoración en la iglesia bautista[1]

Introducción

Los bautistas somos un pueblo que pertenece a la iglesia de Jesucristo y que se caracteriza, entre otras cosas, por su concepción del bautismo, la naturaleza de la iglesia, el gobierno congregacional, su insistencia en la libertad y la separación de la iglesia y el gobierno. Aunque hubo grupos que nos precedieron en algunas de estas ideas, nuestro principio histórico está alrededor del 1600, en el movimiento puritano separatista inglés, y posiblemente con alguna influencia de los anabautistas en Holanda.

Pertenecemos a lo que se conoce como las iglesias libres, la izquierda de la Reforma, o la Reforma radical. Sostenemos que:

- la Biblia, y específicamente el Nuevo Testamento, es nuestra única guía de fe y práctica,
- la iglesia debe ser gobernada por los fieles,
- el bautismo es exclusivamente para creyentes,
- los miembros de la congregación deben demostrar constancia de cambio en sus vidas,
- la iglesia debe estar separada del poder civil.

Al hablar de una iglesia libre también debemos añadir que su lealtad a Cristo y a su Palabra elimina el apego a la tradición, a los credos o a las autoridades religiosas. Los bautistas no rechazamos esas tres cosas y nada nos prohíbe que las usemos para la edificación de la iglesia; sin embargo, estos elementos no pueden servir de impedimento para que una congregación haga la voluntad de Dios que se encuentra en Cristo Jesús y que se nos revela en su Palabra por medio del Espíritu Santo.

La adoración

Dentro de ese contexto es que nos debemos hacer la pregunta respecto a la adoración en una iglesia bautista. No creo, como algunos proclaman, que los bautistas podamos hacer lo que nos da la real gana, pues un verdadero bautista debe vivir tratando de hacer la voluntad de Dios. Debemos empezar con el estudio diligente de la Biblia para que nos sirva de punto de partida.

La adoración en el Nuevo Testamento

La adoración en una iglesia bautista tiene que ser bíblica, pues la Biblia, como hemos dicho, es nuestra única regla de fe y práctica. Tenemos que ir al Nuevo Testamento para iniciar nuestro peregrinar por este tema. Reconocemos el valor del Antiguo Testamento como un recurso de adoración y, especialmente los salmos, pero no creemos que sea normativo para los bautistas.

Los cristianos primitivos continuaron por algún tiempo participando de la experiencia de adoración del pueblo judío. Ellos participaban del culto en el templo (Hechos 3.1; 13.5; 13.14, 17.1-2). La presencia de los cristianos en el templo y en la sinagoga se complementaba con la adoración en los hogares (Hechos 1.13-14; 2.42). Podemos decir que en la comunidad de los primeros cristianos se unían la liturgia, o forma de adorar propia del templo y la sinagoga, con la libertad del aposento alto y las casas (Hechos 2.26-47).

La reunión de los creyentes ya incluía los elementos distintivos de la adoración cristiana: la oración, los ruegos, la doctrina (o enseñanza), la fraternidad, el partimiento del pan, la alabanza y la predicación. Conservaron algunas cosas del culto judío, pero se sintieron libres bajo el Espíritu para añadir lo que les hacía falta como iglesia de Cristo. El partimiento del pan y la predicación cristocéntrica eran esenciales. Como dice Evelyn Underhill en su obra *Worship* [La adoración] (1937, p. 219), «no hay adoración que se pueda considerar fiel a los ideales primitivos que no contenga tanto el elemento teocéntrico como el cristocéntrico, presente y en armonía».

En los capítulos 12 al 14 de Primera Corintios, Pablo nos da unas ideas de la adoración en la iglesia de ese lugar y enumera los dones espirituales, algunos de los cuales se manifestaban en los cultos que celebraban: sabiduría, palabra de ciencia, profecía, discernimiento de espíritus, diversos géneros de lenguas e interpretación de lenguas. Todos estos dones eran usados con libertad en Corinto.

Ante la situación caótica y desordenada en Corinto, Pablo trató de resolver el problema. El apóstol objetaba algunas cosas, tales como el mal uso del nombre de Jesús, un sentimiento de jactancia espiritual, el desorden, la falta de edificación y la ausencia de amor en la iglesia.

Lo que sucede en el culto debe colocar a Jesucristo en primer lugar, debe llevar a la unidad y la preocupación de los unos por los otros. El amor es vital y la profecía (predicación) ocupa un lugar prominente. Pablo postula como principios de adoración la libertad y el orden. «Así que, hermanos, procurad profetizar, y no impidáis el hablar lenguas, pero hágase todo decentemente y con orden» (1 Corintios 14.40).

H.E. Duna (1944, p. 331), al citar al Dr. Hoyt, autor del libro *Public Worship for Non-Liturgical Churches,* expresa que «la adoración debe ser libre si es sincera, pero esa libertad no es irregularidad o dura confusión fanática. Por eso el apóstol insiste en que todas las cosas se hagan decentemente y con orden. El orden parece ser la segunda ley en la adoración primitiva; la libertad era la primera».

Pablo también escribe sobre la alabanza en Efesos y Colosas (Efesios 5.18-20 y Colosenses 3.16-17), y en 1 Timoteo 2.1-15 también da otras instrucciones relacionadas con la adoración.

La alabanza, la acción de gracias, la profecía, el estudio y el cántico[2] eran elementos del pueblo que rendía culto a Dios. Era una adoración en el Espíritu que es libertad, pero supeditada al orden. No hay duda de que ya había unas afirmaciones litúrgicas establecidas. No hay un patrón de adoración en el Nuevo Testamento, pero se esperaba que la misma fuera sincera, sencilla y libre, tanto en la expresión pública como en la privada.

Me parece, sin lugar a duda, que tanto la iglesia primitiva como Pablo combinaban la libertad del Espíritu con las restricciones de un orden. La libertad de adoración iba acompañada de unas condiciones para ejercitarla.

Oscar Cullman, el gran erudito del Nuevo Testamento, lo describe así en *Early Christian Worship* (1951, p. 33): «Es precisamente esta combinación armoniosa de libertad y restricción lo que es la base de la grandeza y la unicidad de los cultos de adoración de los cristianos primitivos».

Criterios para una adoración bautista

No hay duda de que el ejemplo del Nuevo Testamento nos lleva a establecer unos criterios sobre la adoración.

- Tiene que ser cristocéntrica porque el Espíritu Santo tiene que dar testimonio de Él.
- Tiene que ser libre porque tiene que ser en el Espíritu y donde está el Espíritu hay libertad (2 Corintios 3.17).
- Tiene que ser para la edificación de la iglesia, lo que implica que la comunidad de creyentes reconoce que puede haber algunas cosas que se le adjudican al Espíritu, pero que no lo son porque no edifican a la iglesia (1 Corintios 14.16).
- Tiene que ser ordenada, lo que conlleva entendimiento, porque Dios no es Dios de confusión (1 Corintios 14.32-33).

La adoración en la tradición histórica bautista

Lo sucedido en la historia de la denominación bautista puede ayudarnos a comprender el desarrollo de la práctica durante estos más de trescientos años. Los primeros bautistas se reunían en la ciudad de Amsterdam, en Holanda, bajo la dirección de Juan Smyth. Una carta escrita por Hugh y Anne Bromhead, quienes eran parte del grupo, a un familiar en Inglaterra, describe la adoración de la siguiente manera (Wheeler, 1946, p. 96):

> Comenzamos con una oración, después de leer uno o dos capítulos de la Biblia, se da «el sentido» de la misma y se discute sobre esa porción; a continuación, se ponen los libros a un lado y luego de una oración solemne dicha por el primer orador, se propone algún texto de las Escrituras y se profetiza [predica] del mismo, por espacio de una hora o tres cuartos de hora. Después de él, se levanta un segundo orador y predica del mismo texto por el mismo espacio de tiempo, unas veces más, otras veces menos. Luego el tercero, el cuarto, el quinto, según lo permita el tiempo. Entonces el primer orador concluye con una oración, así como comenzó con oración, con una exhortación de contribuir para los pobres, cuya colecta se hace luego de concluida la oración. El servicio de la mañana comienza a las ocho y continúa hasta las docc, e igual culto se observa en la tarde, desde las dos hasta las cinco o las seis, por último se ejecuta el gobierno [asamblea] de la iglesia.

Esta carta nos da una idea de un grupo de creyentes que estaban tratando de ser fieles a su Señor, pero al mismo tiempo reaccionaban a todo lo que pertenecía a las iglesias de las cuales habían salido. Su único interés era la oración y la profecía (predicación). Incluía también la ofrenda y los negocios de la iglesia.

No se habla del uso de salmos e himnos, lo que implica que rechazaban el uso del salterio (Payne, 1954, p. 93). Su concepto de la libertad y la dirección del Espíritu está presente cuando dice que ponían a un lado sus libros porque temían que eso interfiriera con el libre fluir del Espíritu. Esto era tan importante que dice el historiador bautista Robert G. Torbet (1969, p. 35) que la razón principal para que el grupo de Smyth se separara de la Iglesia Congregacional en Holanda fue el hecho que él no creía que un ministro debía predicar con un manuscrito delante de él, aunque fuera una traducción de la Biblia, para evitar que se le pusieran cortapisas al Espíritu Santo. Así se confirma el doble principio bíblico de libertad y orden.

Posteriormente, por influencia del calvinismo de Ginebra, donde muchos huyeron para escapar a la persecución, la adoración incluyó el cántico de salmos. Además recibieron la influencia de otros grupos independientes en Inglaterra.

Este mismo patrón de adoración, un tanto modificado, prevaleció en las iglesias bautistas en el siglo siguiente. Los servicios eran largos, centrados en la exposición y predicación bíblica. Se les permitía tanto a los adoradores como a los oradores discutir sobre los textos bíblicos y dar sus puntos de vista ante todo el grupo.

Los primeros bautistas sostenían que el orden de las cosas en una congregación era responsabilidad exclusiva de la iglesia local.

La Primera Confesión de Londres incluye el nombrar su liderazgo (Art. 36) y la de Somerset añade el propagar, establecer, gobernar y ordenar (Art. 29). La Segunda Confesión de Londres, publicada en el 1677, dice en el capítulo XXVI, apartado 7, de la siguiente manera:

> A cada una de estas iglesias así reunidas, de acuerdo a su mente, declarado en su palabra, él le ha dado todo poder y autoridad que se necesitará, para llevar adelante el orden de adoración y disciplina, que él les ha instruido para observar y las reglas para el debido y correcto uso y ejecución de ese poder.

Esa es la misma idea sostenida por los autores Maring y Hudson (1963, p. 51, 55) al sostener que un pueblo que se considera capaz en todo asunto religioso, se encuentra capacitado para adorar como ha sido ordenado y que no tiene duda ese grupo de que tienen la autoridad para ordenar aquellos cambios en la experiencia de adoración. Los bautistas siempre hemos sostenido que tenemos esa autoridad.

Los bautistas sostenemos nuestra lealtad a la Escritura. Así se establece en la Confesión de las Treinta Congregaciones en 1651, cuando establece que todo lo que se haga en la adoración de Dios tiene que estar en la Palabra de Dios (Ap. 46). Eso mismo se dice en el Credo Ortodoxo del 1679.

Hemos establecido que el principio bíblico es orden y libertad. H. Wheeler Robinson (1946, p. 95) lo confirma al decir que el principio apostólico es «hágase todo en orden y decentemente para edificación» y que la reunión de los cristianos primitivos seguía lo que se llama una «liturgia del espíritu».

Los bautistas sostenemos que toda práctica debe ser lo más leal a la Escritura.

Creemos también que el Espíritu nos guía a nuevas posibilidades, pues nos ha hecho libres y que, como nos dicen unos bautistas del siglo 17, «somos guiados en nuestra libertad a la correcta adoración y el orden que pertenece a la iglesia de Jesucristo» (Lumpkin, 1959, p. 212).

La ofrenda para los pobres y la asamblea de la iglesia, que posiblemente incluía asuntos de disciplina, se añadían al final del servicio. Los cultos se celebraban usualmente los domingos, aunque había bautistas sabatinos en Inglaterra.

En el libro *The Records of a Church of Christ in Bristol–1640 to 1687* (Hayden, 1974, p. 48)[3] encontramos la descripción de un culto típico de esa congregación, que traducimos a continuación:

> El servicio de la iglesia era público y todos estaban invitados a escuchar la proclamación del mensaje del evangelio. Durante la adoración había lecturas y exposiciones [exhortaciones] de pasajes de las Escrituras, largas oraciones por varios miembros, y ocasionalmente, el canto de los salmos. Típico de las exposiciones eran las cartas de Hardcastle[4] desde la prisión, que se leían en el culto de adoración de la tarde. Los salmos eran normalmente cantados por una persona que cantaba una línea y la congregación la repetía, pero en Broadmead [otra congregación] usaban libros, posiblemente la versión de Tate y Brady. Se levantaban juntos a cantar al unísono, particularmente cuando los magistrados [oficiales del gobierno] venían a la adoración. En ocasiones nacionales especiales la iglesia separaba días para la oración y el ayuno, y ocasionalmente tenían días de oración por sanidad divina. También tenían una reunión de oración durante la semana como preparación básica para la Cena

> del Señor si se celebraba al siguiente domingo. En tiempos de despiadada persecución, después de 1680, la iglesia se reunía para la adoración en una variedad de lugares, en Bristol o en sus alrededores. La sabiduría [conveniencia] de mantener la adoración pública fue bastante debatida en estos períodos tan difíciles, pero no se abandonó nunca.

Al comienzo de la historia de los bautistas muy pocas iglesias tenían sus propios edificios, aunque esto se hizo más común después de 1700. Hasta ese momento, se reunían en casas privadas, algunas veces en lugares públicos, y con bastante frecuencia al aire libre cuando hacía buen tiempo.

Contamos con un orden de culto de la dedicación de una iglesia bautista en Nuevo Londres, Estados Unidos de América, celebrado el jueves, 11 de enero de 1827, uno de los registros más antiguos, sino el más antiguo que se conservan de la iglesia bautista en los Estados Unidos.[5] El culto consistió de los siguientes elementos:

- llamamiento a la adoración comunitaria–Salmo 24.7-8; 1-2
- invocación y lectura de una porción de las Escrituras
- cántico–Salmo 95
- oración
- cántico de un himno (de alabanza a Dios y gratitud por el templo)
- sermón
- oración de consagración
- cántico de consagración–Salmo 122
- oración de clausura
- cántico de clausura (de compromiso y entrega)
- bendición

La mayoría de los bautismos se celebraban en los ríos y lagos, pero algunas iglesias habían preparado bautisterios o cisternas bautismales en el interior y estas iglesias compartían sus instalaciones con aquellas que no los tenían, por lo cual cobraban una cuota de dos chelines por «cabeza» bautizada.

Además del bautismo, algunas iglesias practicaban el lavamiento de pies como parte de su culto. Esta práctica, sin embargo, nunca se propagó mucho. Perduró más entre los bautistas generales que entre los bautistas particulares. La Asamblea de Bautistas Generales lo declaró opcional, ya que no se menciona entre los seis fundamentos para la adoración que aparecen en Hebreos 6.1-2.

La Cena del Señor era una parte muy importante del culto y se observaba semanalmente por algunas iglesias, y menos a menudo por la mayoría. Muchas de las iglesias celebraban una «fiesta del amor», un ágape o cena de confraternidad. Los registros de una congregación lo describen así: «El orden acordado para la fiesta de amor será antes de la Cena del Señor porque las iglesias antiguas así lo practicaban, y para la unidad con las iglesias cercanas a nosotros». Este último señalamiento implica que, en ocasiones, algunas congregaciones se juntaban para celebrar la Santa Cena.

En la adoración bautista, el requisito era la más total espontaneidad, de manera que los individuos pudieran responder a Dios como el Espíritu les dirigiera en el momento. Esto hacía de la adoración algo impredecible, porque en cualquier momento del culto se podía enseñar una doctrina, hacer una exhortación o leer un salmo para compartir con el grupo.

Las prácticas de adoración bautistas modernas, con himnos, orden del culto impreso, lecturas bíblicas y respuestas antifonales determinadas de antemano, hubieran sido un escándalo para nuestros antecesores. Tomas Helwys, uno de nuestros precursores, dice: «Todos los libros, incluso los originales, deben ser puestos a un lado durante el tiempo de la adoración». Tal énfasis extremo cuestionaba la práctica de preparar o premeditar los sermones. Sin embargo, muy temprano entendieron la conveniencia de cierta preparación de los sermones porque de otra forma «iban a recibir material crudo y sin digerir».

La música

En gran medida, la contribución bautista a la adoración en el siglo 17 tuvo que ver con el canto de himnos. En ese tiempo, prácticamente todas las iglesias se oponían al canto de himnos, aunque algunas permitían el «canto llano», una repetición monótona, semejante al canto gregoriano, o incluso el canto de un solo de textos bíblicos. Al principio, los bautistas, como muchos otros grupos en Inglaterra, se opusieron firmemente al cántico y desarrollaron intrincados argumentos en contra de este «ejercicio carnal». Algunos de los argumentos pueden haber sido por precaución, para no llamar la atención a los lugares de reunión, porque las reuniones eran ilegales, y el cántico del grupo hubiera alertado a los transeúntes o a las autoridades de que se estaba celebrando una reunión ilegal. Sin embargo, con el tiempo, los bautistas adoptaron y ayudaron a popularizar el canto congregacional, y algunos de ellos escribieron himnos y publicaron himnarios.

Los primeros bautistas generales rechazaron el cántico congregacional y se aferraron firmemente a esa restricción por más de un siglo. Por supuesto, sin acompañamiento de instrumentos musicales. Los cánticos tenían que ser interpretados por un varón, ya que las mujeres debían guardar silencio, y por un solista, sin mezcla de voces o «cánticos promiscuos» por una multitud, porque creían que en la congregación podía haber voces de gente inconversa, lo cual hubiera contaminado el cántico. Solamente se cantaban textos bíblicos, preferiblemente salmos. No se permitía ninguna canción de «composición humana» y todo canto tenía que ser en voz clara y fuerte. Se criticaba «la costumbre que muchos han adoptado de cantar los salmos de David, o sus propias composiciones, con multitud de voces mezcladas».

Para los bautistas generales, cantar himnos «hechos por el hombre» entrañaba una serie de peligros. Las «canciones escritas» eran igual de malas que las «oraciones escritas»; ni siquiera se permitían los sermones escritos. En 1689, la asamblea de bautistas generales declaró que el canto en la adoración era «ajeno a la adoración evangélica».

Los bautistas particulares, aunque menos recalcitrantes, también se opusieron al cántico de himnos y a la utilización de acompañamiento instrumental en la adoración. Sin embargo, ya a mediados del siglo 17 algunos bautistas particulares comenzaron a considerar el cántico con renovado interés y, finalmente, llegaron a afirmar que «cantar salmos con voz alegre es un deber sagrado de la adoración a Dios. Las mujeres no deben tomar parte en esto».[6]

La introducción de los himnos en la última década del siglo 17 se debió a Benjamin Keach, quien empezó usándolos en su congregación alrededor del 1693. Fundamentado en el texto de Mateo 26.30, introdujo un himno en el culto de la Santa Cena. Luego hizo lo mismo para el culto de Acción de Gracias, hasta que el cántico se hizo común en su congregación. Recordemos que ya para esta época, habiéndose promulgado el Acta de Tolerancia de 1689, había libertad en Inglaterra.

Un grupo reaccionó violentamente al uso de los himnos y los tildaban de ser una invención humana. Esto creó disensión en algunas iglesias, incluyendo la pastoreada por Keach. En la segunda mitad del siglo 18 se sintió el impacto del avivamiento wesleyano, que no solamente contribuyó al crecimiento de las congregaciones, sino que influyó en la adoración, especialmente en la música. El uso de la música y el cántico en la historia de los bautistas ha sido de constante desarrollo de acuerdo con las circunstancias.

Se considera que las contribuciones de los bautistas a la adoración de los separatistas ingleses fueron el bautismo de creyentes, una oposición a las formas litúrgicas de adoración, que fue más radical que la de los otros grupos independientes, y el método de exposición bíblica o comentarios intercalados durante la lectura de la Escritura.

Implicaciones para los bautistas latinoamericanos

Me parece que la adoración es la práctica básica de la fe cristiana, así como la evangelización es la tarea primordial de una congregación. Los bautistas latinoamericanos recibimos una forma de adorar que respondía a la situación norteamericana o europea. Los ministros trataron por mucho tiempo de impulsar conceptos cúlticos que no se apegaran a la forma pentecostal, pero que tampoco representaran las prácticas de iglesias con tradición litúrgica. La forma de adorar se convirtió en una doctrina, dejando de lado la libertad bautista. Algunos instrumentos musicales (especialmente los autóctonos) fueron considerados anatema por los misioneros y sus seguidores.

La adoración puede ser una experiencia enajenante, pues en algunas circunstancias parece tener la intención de separar al ser humano de las circunstancias en las cuales se desenvuelve en la vida diaria. Muchas veces es un llamado al conformismo, alentando una esperanza falsa en un mundo futuro, fuera de la historia, en un lugar con «calles de oro».

En ocasiones, también puede ser un momento de opresión para una congregación, como cuando las ideas intelectuales de una minoría se imponen a las necesidades emocionales de otros y le roban a la mayoría la oportunidad de expresar su alabanza de acuerdo con sus sentimientos y necesidades; o cuando se usan instrumentos y formas de otras culturas en menosprecio (y a veces supresión) de lo que es propio de un lugar o de las ideas y prácticas autóctonas nacionales. Muchas veces se espera que los participantes adopten una forma particular de vestir, que limita la integración de los más pobres y, por lo tanto, también se convierte en una experiencia de opresión económica.

En muchos casos incluye una opresión de género, pues a la mujer se la excluye de participar en algunas expresiones de la adoración. De igual modo, también hay opresión por razón de edad cuando a la juventud o a la niñez les es vedada su participación en la vida cúltica regular de las congregaciones, como es la distribución de los elementos de la comunión.

La adoración en las congregaciones latinoamericanas debe partir del hecho de que Dios se mueve en la historia y de las realidades en las cuales vive la persona que adora: dentro de ansiedades personales y de familia, pero también dentro de situaciones de pobreza, desempleo, injusticia y opresión.

La adoración debe ser el instrumento que confronte al ser humano con sus realidades en el día de hoy. Debe ser un momento donde la esperanza se hace vida, un reto para que la persona que adora encuentre la inspiración para abrirse a su futuro en el mundo y un llamado a convertirse en colaborador con Dios en la creación del Reino en este mundo.

Al mismo tiempo debe confrontar a la persona con la grandeza de Dios y la precariedad de su condición humana, que incluye la angustia de su pecado: no solamente en su relación vertical (Dios y el ser humano), sino también en el eje horizontal (el ser humano con el ser humano), que implica la aceptación de mi hermano y de mi hermana en la comunidad de creyentes, aun de aquellos con quienes tengamos diferencias por la forma de darle vigencia al Reino o por la metodología se use para promover el Reino de Dios.

Es necesario que en la forma de adorar se le dé injerencia a la gente de la comunidad local de creyentes. El principio bautista es que la congregación tiene la autoridad para ordenar su vida y, por lo tanto, la práctica de la adoración debe responder a las decisiones del grupo de creyentes en un lugar en particular. Esto no nos debe separar de la historia cúltica de la iglesia a través de los siglos, ni tampoco de la contribución que otras iglesias cristianas han hecho y hacen a la experiencia de adoración. Sin embargo, cada comunidad de creyentes está en la obligación de laborar en el desarrollo de su propia vida de culto al Dios que se revela en Jesucristo el Señor.

Conclusión

Analizar lo que significa ser bautista en nuestro mundo latinoamericano nos debe llevar a clarificar muchas cosas y una de ellas es la adoración. Esta se puede dar en muchas circunstancias y formas, y puede ser un instrumento para ayudar a las iglesias a ser un pueblo liberado, que vive en acción liberadora, tanto para los seres humanos como de las circunstancias de opresión, y que ayude a los opresores a darse cuenta de su pecado y a los oprimidos a levantarse para reclamar justicia en este mundo.

La adoración no es algo que hacemos en un lugar y tiempo determinado, sino que es un estilo de vida; por tanto, adoramos en la vida diaria, en el taller, en la oficina, en la escuela, en el comercio y dondequiera que la persona creyente se encuentre.

La verdadera adoración lleva a la acción y, por lo tanto, tenemos la responsabilidad de ayudar a las iglesias a renovar su culto. Esto no tiene nada que ver con volverlo más «pentecostal» o más «litúrgico». Tiene que ver con que la adoración sea en «espíritu y en verdad», para que así se adore con sinceridad al Dios que se hizo carne en Jesucristo y que su verdad se encarne en la vida de la persona que adora en todas las experiencias de su existencia.

Toda época presenta alternativas a una iglesia bautista respecto a la adoración y otras facetas de su vida comunal. Podemos caer en dos pecados. Rechazar todo lo nuevo por ser nuevo o aceptarlo todo por lo novedoso de ello, o porque a la gente le gusta o porque atrae personas.

Nosotros los bautistas estamos llamados a seguir la advertencia paulina: «Examinadlo todo, retened lo bueno» (1 Tes 5.21).

Toda iglesia bautista, si quiere ser fiel a sus principios y a la historia de su denominación, debe asegurarse que toda práctica tiene una base bíblica. Nada que viole los principios bíblicos de libertad y orden puede aceptarse como válido para incorporarse a la vida de adoración de una iglesia.

Nada que viole el espíritu del amor y la edificación del cuerpo de Cristo, que es su iglesia, debemos mirarlo como digno del culto al Señor. Tampoco debemos engañarnos por el hecho que sea bueno para determinada persona, pues la adoración es una experiencia comunitaria y no individual. La adoración es culto a Dios y no a personas.

Una iglesia bautista en su adoración tiene que ser fiel a Cristo, a la Biblia, a la libertad y al orden. La libertad es costosa y el orden es peligroso, pero ambos en amor sirven para la edificación de la iglesia.

Termino con las palabras del reverendo J. Moffat Logan de Accrington, Inglaterra, en el Segundo Congreso Bautista celebrado en Filadelfia en el 1911 (Torbet, 1969, pp. 427-428):

> El deseo por un credo autoritario es verdaderamente apartarnos del punto de vista de nuestros padres bautistas. Es un esfuerzo de escapar de los riesgos espirituales por medio de ayudas artificiales y escasamente nos hacemos honor los unos a los otros, ni tampoco a aquel quien se supone que sea nuestro escogido Guiador. Insistimos en

espiritualidad y lealtad y teniendo éstas, estar satisfechos de pagar el precio de la libertad. Un bautista es un hombre [sic] quien por medio del bautismo declara que está, por medio de Cristo, en contacto vital con el Padre, pero también que las palabras de Cristo históricamente interpretadas son ahora sus leyes, y ese hombre es digno de confianza en la esfera religiosa, dondequiera. Por trescientos años los bautistas en ambos hemisferios hemos defendido la lealtad a Cristo y libertad entre nosotros y el principio que ha sido suficiente para hacernos poderosos será suficiente para mantenernos fieles.

Y nosotros, hoy, decimos, Amén. Así sea.

Para estudio y discusión

1. Mencione algunos elementos de la adoración que deben estar presentes en un culto bautista.
2. ¿Por qué los bautistas afirmamos que la adoración tiene que ser libre pero ordenada? ¿Cuáles son los principios bíblicos para esta afirmación? ¿Cuáles otros principios bautistas podemos asociar con esta afirmación?
3. Como los bautistas no tenemos una liturgia establecida y uniforme, ¿podemos hacer lo que mejor nos parezca en la adoración? Explique su respuesta.
4. Enumere y discuta los cuatro criterios para una adoración bautista.
5. ¿Cuál era el centro o clímax de un culto bautista del siglo 17, según los modelos que hemos presentado? ¿Por qué era así? Compárelo con el culto actual de su congregación. ¿Dónde está el énfasis en su iglesia? ¿En qué se parece o se diferencia de los cultos del siglo 17?
6. ¿Cuál era el lugar de la Santa Cena en la adoración bautista de los primeros años?
7. ¿Cómo y cuándo celebraban la Santa Cena las iglesias bautistas? ¿Cómo se celebra en su iglesia? ¿Está de acuerdo con esa práctica de su iglesia?
8. ¿Cómo se ha desarrollado el uso de la música en las iglesias

bautistas desde los comienzos hasta el presente? ¿Cómo ha mejorado o empeorado?

9. ¿Cuál debe ser el propósito o fin de la adoración en una iglesia bautista?

Notas

1. Esta conferencia fue presentada en un congreso sobre principios y prácticas bautistas en América Latina.

2. El cántico, sin embargo, eran distinto a lo que hacemos en la actualidad. Era una especie de repetición de salmos, donde el líder decía una línea y la congregación la repetía. Justino Mártir, en su descripción de un culto de la iglesia cristiana primitiva (*Primera Apología*, 67) no menciona el cántico.

3. Hardcastle era el pastor, que había sido encarcelado por predicar las «nuevas creencias» bautistas.

4. En una actividad en Green Lake (centro de conferencias de las IBA) celebramos este culto al pie de la letra y nos tomó una hora, usando 30 minutos para el sermón.

5. Sin embargo, en la Iglesia de Bristol que hemos citado, había mujeres que predicaban y lo señalan de esta manera: «...tenían mujeres predicadoras entre ellos, porque tenían muchas buenas mujeres que asistían (a los cultos)», 86.

6. En el año 2000, comenzando el tercer milenio de la iglesia cristiana, el autor de este libro y su esposa, visitaron una iglesia bautista americana en el estado de West Virginia. A la hora de la Santa Cena solamente había varones sirviéndola. Al preguntar, nos dijeron que en esa iglesia las mujeres no servían la Cena.

capítulo 7

La organización y administración en una iglesia bautista

Introducción

La organización o estructura de una iglesia bautista debe responder a las bases bíblicas. No somos una corporación, ni una fraternidad o alguna otra organización secular. La organización debe responder a la naturaleza y misión de la iglesia, y, en nuestro caso, a algunos de nuestros distintivos.

Dos preguntas debemos hacernos a la hora de considerar la organización o estructura de una iglesia: primero, ¿quiénes somos? y segundo, ¿para qué existimos?

¿Quiénes somos y para qué existimos?

¿Quiénes somos? Ya hemos establecido que somos un pueblo que (1) cree en Jesucristo como Salvador de la humanidad, (2) reconoce el señorío de Jesucristo y le debe obediencia, (3) tiene al Espíritu Santo en su medio para que lo guíe a toda verdad, (4) es el cuerpo de Cristo, con diferentes dones que hay que desarrollar para edificación del pueblo de Dios, y (5) toma las decisiones con toda la congregación reunida en asamblea.

¿Para qué existimos? Existimos para llevar a cabo la misión que Jesucristo nos ha dejado. Estas encomiendas son (1) rendir culto a Dios a través de la adoración y de una vida digna como hijos e hijas de Dios; (2) proclamar el evangelio, como nos ordena el Nuevo

Testamento; (3) educar y capacitar a las personas creyentes para que lleguen a ser las personas que Dios quiere que sean; (4) servir al mundo que nos rodea, tener testimonio en nuestra comunidad; y, por último, (5) desarrollar la congregación como una comunidad de *koinonía*, de hermanos y hermanas, de fraternidad y de amor.

Bases bíblicas para la organización de una iglesia

Aunque la Biblia no nos presenta un modelo de organización, sí podemos encontrar en ella las bases bíblicas que nos sirven de guía para esta tarea.

- Hechos 6.1-6 nos ilustra el proceso de elección y nombramiento de siete diáconos, cuya tarea está implícita en el nombre, o sea, son servidores. Todas las iglesias bautistas tienen un cuerpo diaconal con la tarea de cuidar de la vida espiritual de la congregación.
- Filipenses 1.1 nos presenta dos clases de funcionarios de la iglesia: obispos y diáconos. Obispo es otro nombre para pastores.
- Tito 1 y 2 reconoce a los ancianos. En el Nuevo Testamento, Pablo utiliza el término anciano y obispo de manera intercambiable, para referirse a los pastores.
- Hechos 20.17-36 enumera las responsabilidades de los ancianos (pastores).
- Hechos 14.23 describe la ordenación o consagración de los ancianos (pastores).

Ciertamente en estas citas encontramos unas directrices para la organización de una iglesia bautista.

Términos bíblicos

Para comenzar, debemos establecer que muchos de los términos que usamos en la iglesia para referirnos a la organización o estructura no son bíblicos, sino copias del mundo secular. Por ejemplo, llamamos Junta de Síndicos al cuerpo rector o directivo de la iglesia. Este es un término del ámbito secular, de las corporaciones, instituciones educativas y otros organismos civiles. Una terminología más bíblica sería hablar de diaconado; y, en lugar de usar el término «juntas», usar la palabra «ministerios». Tenemos temor a usar el término «obispo»[1] o «anciano», que son oficios bíblicos, pero usamos secretario ejecutivo, ministro ejecutivo o pastor general, títulos que tienen una connotación de poder y autoridad y que son ajenos a las Escrituras y al gobierno congregacional.

El diácono o la diaconisa en una iglesia bautista

Dentro de la iglesia, Dios ha puesto a pastores y pastoras como líderes de las iglesias locales. Sin embargo, desde muy temprano en la historia de la iglesia cristiana, se hizo evidente que una sola persona no podía realizar toda la obra. Fue entonces, a raíz de un incidente en que se alegaba desatención de parte de los pastores hacia algunas personas de su rebaño, cuando surge la institución del diaconado (Hechos 6.3ss), aunque en esa ocasión no se les llamó diáconos. El diácono o la diaconisa es aquella persona que sirve. Son personas que ayudan al pastor o la pastora en la tarea de cuidar y nutrir el rebaño de una iglesia local.

Debemos señalar aquí el papel de las mujeres en nuestras iglesias bautistas. Nuestra denominación, desde sus mismos comienzos, incorporó a la mujer al servicio en la iglesia. Ellas han servido en diferentes posiciones, especialmente en la diaconía. En Inglaterra, el oficio de diaconisa era una profesión y existían escuelas en las que se las adiestraba para el trabajo social en las diversas comunidades. Se las empleaba en diversas áreas de trabajo, tales como centros y hogares para jóvenes y niños, programas de alfabetización y misiones de rescate, y suplían necesidades sociales y físicas, al mismo tiempo que brindaban guía espiritual. Asumían estas posiciones como diaconisas nombradas por sus iglesias. Hoy día no podemos concebir en nuestras iglesias un cuerpo diaconal sin mujeres.

Selección de los diáconos y diaconisas

El trabajo de diaconía es muy honorable cuando se cumple debidamente con lealtad, ahínco, en la buena mayordomía de la vida. Con la ayuda del Espíritu Santo y el apoyo de la congregación, los diáconos y las diaconisas pueden realizar una labor de mucha bendición para la iglesia y la comunidad. No es una posición de honor, sino todo lo contrario, obliga a un servicio sacrificial. Sirve como un recordatorio de que el Señor de la iglesia local, así como de la iglesia universal, es Jesucristo, y no el pastor o la pastora, ni la Junta de Diáconos. Por lo tanto, no se deben nombrar precipitadamente, sino que la oración y la deliberación deben preceder su nombramiento. (Véase la sección de Comité de Nominaciones y cualidades de candidatos, en este mismo capítulo, para saber cómo escogerlos).

Tareas de los diáconos y las diaconisas

Las tareas de los diáconos y diaconisas son diversas, pero podemos resumirlas en cuatro esferas básicas:

1. Cuidado de la comunidad de fe. Esto incluye conocer personalmente a sus miembros, sus familias y circunstancias, la visitación a los hogares de miembros y nuevos convertidos, y buscar a quienes se ausenten. Una responsabilidad muy importante al respecto es que regularmente son los diáconos quienes asumen la tarea pastoral cuando surge una vacante pastoral, ya sea por vacaciones o en caso de enfermedad. En algunas congregaciones, los diáconos y diaconisas ayudan al pastorado en las predicaciones, especialmente con los cultos en los hogares, en la evangelización y con motivo de otras ocasiones especiales.

En muchas iglesias ayudan a servir la Santa Cena. En estos casos, los diáconos deben asegurarse de que los manteles de la mesa estén lavados y planchados, que los muebles estén limpios y en orden (a veces los pastores desean que los bancos estén colocados de una manera particular y los diáconos deben ayudar en el arreglo), y que el equipo y los elementos estén debidamente preparados en tiempo y forma. Generalmente, son quienes oran por los elementos y los reparten a la congregación.

2. Encargados de la «entrada» a la iglesia. Esto no significa que los diáconos o diaconisas tienen que estar en la puerta del templo. Una tarea relacionada es la de ayudar en los bautismos, cuando se convierten en colaboradores estrechos del pastor o la pastora. Cumplen también un papel bien importante en la admisión de nuevos miembros y en la educación, el adiestramiento y el seguimiento de los candidatos al bautismo.

Si el pastor o la pastora les confiaren la clase de candidatos, deben enseñar el significado del bautismo. También se encargan de dar instrucciones de cómo será la ceremonia, las cosas que deberán traer, y la hora y el lugar donde deberán estar para el acto del bautismo.

Cuando se celebran los bautismos, los diáconos deben asegurarse de que el bautisterio (o lugar de los bautismos si la iglesia no tiene bautisterio) esté limpio y en condiciones. Si hay bautisterio, tienen que asegurarse de que se comience a llenar con el tiempo necesario. Si se usan batas o ropa especial, deben asegurarse de que estén limpias y de que cada candidato tenga la suya. Además, deben proveer un lugar para reunir a quienes se bautizarán para darles las últimas instrucciones y, especialmente, para orar antes del bautismo. Por supuesto, también deben proveer un lugar para cambiarse de ropa. Estarán al pie de la escalera para ayudar a los candidatos a bajar y subir. En algunos casos, el pastor o la pastora pueden requerir su asistencia en el momento de sumergir a los candidatos.

3. Encargados de la disciplina. Los diáconos y diaconisas no tienen la responsabilidad de castigar y excluir a personas que tienen una conducta inapropiada, dentro o fuera de la iglesia. Sin embargo, sí tienen la obligación de ayudar a todos los miembros a dar buen testimonio, comenzando con el cuerpo de diáconos, a exhortar e interceder por quienes caen, a buscar las ovejas perdidas. Si en sus visitas a los hogares, o por cualquier otra forma, llegaran a enterarse de alguna conducta impropia de un miembro, deberán informar inmediatamente al pastor o pastora. Es responsabilidad primordial del pastor o la pastora intervenir de inmediato, hablar con la persona, indagar sobre la situación y exhortarle en la Palabra, antes de proceder a llevar el asunto al pleno del cuerpo de diáconos.

4. Encargados del bienestar espiritual general de la comunidad de fe. Como una de las tareas del diaconado es la visita a los hermanos y las hermanas, necesitan estar pendientes de los miembros con problemas—tanto espirituales, como económicos o de relaciones—, y comunicárselo al pastor o a la pastora. También se encargan de consolar a los enlutados, visitar a los enfermos, estimular y animar a la fidelidad y participar con entusiasmo de las actividades de la iglesia. Los diáconos y diaconisas deben ser modelos y dar el ejemplo al resto de la congregación.

Relación del pastor o pastora con los diáconos y diaconisas

El pastor o la pastora no es siervo de la Junta de Diáconos: solamente es siervo de Jesucristo, quien es el Señor de la Iglesia. Los diáconos no han sido llamados para escoger el pastor; tampoco para despedirlo: esto es responsabilidad de la congregación. Pero tampoco el pastor o la pastora es jefe de la Junta de Diáconos; el pastor o la pastora es el líder de la iglesia y, por lo tanto, debe cumplir su deber de liderato, porque así puede conducir a la congregación en el trabajo, la adoración y en todas las otras tareas de la vida cristiana.

El pastor o la pastora es miembro ex oficio—o sea, por razón de su posición—de todos los grupos de trabajo de la iglesia y debe asistir a todas las reuniones. La Junta de Diáconos[2] no debe reunirse sin la presencia del pastor o la pastora y deben trabajar mano con mano.

Los diáconos, por su parte, no pueden convertir al pastor o la pastora en su empleado. No deben impedirle participar de las reuniones, ni establecerle la agenda de trabajo, ni indicarle los sermones que debe predicar. Los diáconos que actúan de esta manera no son dignos del cargo que ocupan. Si en el desempeño de sus funciones los diáconos se dan cuenta de que hace falta educar a la iglesia en ciertos aspectos de la fe o considerar algunos temas para la edificación de la iglesia (por ejemplo, la adoración), deben sentirse con la confianza de poder compartir esas inquietudes con el pastor o la pastora, quien deberá ponderar y considerar dichas sugerencias.

Debemos recordar que el pastor o la pastora es un miembro de la iglesia, y como tal se debe tratar. Si los diáconos notan alguna falta, incumplimiento de sus deberes cristianos o conducta inapropiada, deben tratar el asunto de la misma manera que lo harían con cualquier otro miembro, siempre recordando el proceso que se establece en la Biblia (Mateo 18.15-17; 2 Corintios 13.1; Gálatas 6.1; 1 Timoteo 5.19).

El pastor o la pastora, por otro lado, debe escuchar las sugerencias de los diáconos, ya que son personas muy cercanas a la congregación. El pastor o la pastora debe saber lo que hay que hacer y sobre qué debe predicar, basado en las visitas a los hermanos en sus hogares, su conocimiento de las situaciones y los problemas de la congregación y de la comunidad, además de otros recursos apropiados, por ejemplo, el leccionario, y sobre todo, de la guía y dirección del Espíritu Santo.

Membresía en una iglesia bautista

■ **Relaciones entre los miembros.** La naturaleza de la iglesia del Señor Jesucristo es tal que cada persona no se interesa solamente por su propio bienestar espiritual, sino que se interesa también por el bienestar de sus hermanos y hermanas espirituales. El apóstol Pablo les llama la atención a los gálatas sobre este tema en Gálatas 6.1-10. Un miembro espiritual no solamente nota la falta de espiritualidad entre sus hermanos y hermanas, sino que, además, con un espíritu de humildad y considerando sus propias limitaciones, está disponible para ayudar a restaurar a quienes caen. Esta ha sido una característica bautista de siempre.

El hermano o la hermana espiritual ayuda a traer a la atención de la persona que falla el área en la cual necesita ayuda y cuidado espiritual; la invita a volver al culto de la iglesia; le ofrece ayuda especial en términos físicos o sociales. Su intención es procurar que esa persona sea restaurada de manera que vuelva a ser un miembro vital en el cuerpo de Cristo. Este servicio a nuestros hermanos y hermanas en la fe se hace en el Espíritu de Cristo, bajo la guía del Espíritu Santo, con el único propósito de restaurar a la persona que ha fallado.

■ **Membresía inactiva.** Este mecanismo surgió como una preocupación pastoral para tratar con situaciones temporales de ausencias y falta de participación en la iglesia.

Debe ser preocupación de la iglesia formular una política con respecto a los miembros que una vez fueron participantes activos, pero que han dejado de asistir y sostener el trabajo de la iglesia sin ningún motivo de incapacidad física u otras razones válidas. Los nombres de esas personas se podrán colocar en estatus inactivo después de un año de evidente indiferencia y falta de respuesta a las visitas, cartas y llamadas telefónicas, invitándoles a renovar su compromiso con la iglesia.

En algunas iglesias, la demostración de falta de interés por un determinado período razonable las llevará a obtener un voto para sacar el nombre de esas personas de las listas de miembros. Otras, permitirán que esos nombres permanezcan indefinidamente en una lista de miembros inactivos, en la esperanza de que eventualmente haya una restauración de la persona en esa iglesia o en cualquier otra. Tales personas se recibirán nuevamente como miembros por restauración.

■ **Herencia bautista.** Las primeras congregaciones bautistas del siglo 17 eran comunidades compactas. Las personas se cuidaban y se preocupaban unas por otras con amor fraternal. Cuando alguien faltaba dos domingos seguidos, el pastor o los encargados lo visitaban para conocer las razones. En esa visita descubrían si había alguna enfermedad o problemas en la familia, o si la persona no estaba realmente interesada en continuar participando. Esto se hacía enseguida que notaban la ausencia de la persona.

Poner miembros en la lista de inactivos o sacarlos de las listas sin darles oportunidad de expresarse, no es una herencia bautista. La membresía es de la congregación, no de un grupo exclusivo, sean diáconos o pastores. Es la congregación la que concede la membresía y debe ser ella quien la retire.

Inclusive en los casos de disciplina, se seguía el proceso que se nos indica en la Biblia (Mateo 18.17, 1 Corintios 5, 2 Corintios 13.1, 1Timoteo 5.19).

La membresía en las confesiones de fe

■ **Declaración de Fe de Amsterdan–1611.** Los hermanos impenitentes en pecado **después de la amonestación de la iglesia,** serán excluidos de la comunión de los santos (Mateo 18.17, 1 Corintios 5.4, 13). Por lo tanto, no es por la comisión de pecado que serán excluidos, sino por rehusarse a escuchar la amonestación de la iglesia para su reforma (artículo17, énfasis suplido).

■ **Proposiciones y conclusiones sobre la Verdadera Religión Cristiana–1612.** Que nadie será separado de la comunión externa de la iglesia sino aquel que se niegue al arrepentimiento, que rechace el poder de la piedad (2 Timoteo 3.5), y que **suficiente amonestación se dé primero,** de acuerdo con la regla (Mateo 18.15-18), que nadie será rechazado por ignorancia o error, o enfermedad mientras mantenga el arrepentimiento y la fe en Cristo (Romanos 14 y 1 Tesalonicenses 5.14: Romanos 16.17-18), sino que serán instruidos con humildad; los fuertes llevarán las enfermedades de los débiles; y nos sostendremos unos a otros mediante el amor (artículo 78, énfasis suplido).

■ **Segunda Confesión de Londres–1677.** Como todos los creyentes están obligados a unirse a iglesias particulares, cuando y donde tengan la oportunidad de hacerlo; así todos los que sean admitidos a los privilegios de la Iglesia, están también bajo la Censura y Gobierno de la misma, de acuerdo con la Regla de Cristo (1 Tesalonicenses 5.14; 2 Tesalonicenses 3.6, 14, 15) (artículo 12).

Algunas ideas para una asamblea de la congregación

Las iglesias bautistas acostumbran reunirse regularmente en asamblea para tratar los asuntos pertinentes. Regularmente significa que se hará según se ha estipulado en los reglamentos, las directrices o según la costumbre de la congregación, o cuando la Junta de la iglesia lo determine, de acuerdo con la necesidad. Es la oportunidad que tiene toda la congregación de participar en la toma de decisiones, en el establecimiento de política congregacional y de expresarse y ser escuchado por sus pares.

Las asambleas en una iglesia bautista deben tener las siguientes características:

■ **Un proceso ordenado.** La asamblea debe comenzar con unos momentos devocionales, pidiendo la presencia y dirección de Dios en todo lo que se haga y diga. *Debemos recordar que la asamblea no es un lugar para que la mayoría se imponga sobre la minoría, sino* **para buscar la mente de Cristo.** Se deberá tener una agenda o asuntos a considerar escrita, con copia para todos los miembros presentes. Las minutas de la asamblea anterior deben leerse y aprobarse. Los asuntos de rutina (informes pastorales, tesorería, etc.) se deben atender enseguida para dejar tiempo para los asuntos más importantes. Estos asuntos más importantes deben escribirse y plantearse claramente, de manera que se asigne el tiempo necesario para su tratamiento y que todas las personas sepan lo que se va a discutir. Así como la asamblea comenzó con una oración, debe concluir con oración de gratitud y compromiso.

■ **Toda persona debe ser escuchada.** La asamblea de la iglesia es una consulta para toda la iglesia y existe la posibilidad de que el Espíritu Santo hable a través de la persona que menos esperamos. A cada miembro se le dará la oportunidad de expresarse y sus palabras deberán considerarse seriamente. En una iglesia bautista la participación y el voto de cada miembro tienen el mismo valor, sea esta persona parte del cuerpo pastoral o el más reciente miembro laico. Al comenzar la reunión, la persona que preside debe recordarles esto a los presentes; así afirmará a los miembros en su participación.

■ **Busca el consenso.** El objetivo de la asamblea de la iglesia no es ganar una votación, sino, como ya mencionamos, discernir la mente de Cristo en los asuntos bajo consideración. Cuando toda la congregación no está de acuerdo con una propuesta o proposición—o sea vemos que hay dudas o insatisfacción—, evidentemente la mente de Cristo no se ha hecho clara. Si no puede lograrse la unanimidad en asuntos básicos que afectan a la congregación en general, debe hacerse todo esfuerzo de llegar a un consenso, que es un acuerdo o consentimiento de que, a pesar de que no estamos completamente de acuerdo, no nos opondremos y colaboraremos en el trabajo.

■ **Evita dividir la congregación.** Una de las principales obligaciones de la iglesia es la de *mantener la unidad del Espíritu en el vínculo de la paz.* Si no puede lograrse el consenso, es preferible posponer la decisión antes que arriesgar la división de la iglesia. Las decisiones sobre asuntos controvertibles no deben tomarse a menos que se cuente con dos terceras (2/3) partes de los votos. Ni el pastor o la pastora, ni ningún otro líder de la congregación, pueden imponer su voluntad sobre la congregación.

■ **Busca ayuda y consejo.** Particularmente en asuntos que amenacen la unidad de la iglesia, se debe invitar a los ejecutivos denominacionales o a sus representantes calificados para ayudar a las partes, y así llegar a conclusiones satisfactorias.

El Comité de Nominaciones

El Comité de Nominaciones es uno de los comités más importantes de una congregación bautista, aunque tiene carácter temporal, o sea, que sirve durante determinado tiempo y, una vez cumplida su tarea, cesa en su función. Este comité se debe nombrar a más tardar en el mes de septiembre de cada año[3], de manera que tenga suficiente tiempo para realizar su tarea, que concluiría a mediados o finales de diciembre, una vez se hayan nombrado los nuevos oficiales.

Debe evitarse que el Comité de Nominaciones se forme siempre de las mismas personas. La congregación debe tener claro el proceso, las características, los requisitos y la duración del término, no sólo de los miembros del Comité de Nominaciones, sino también de todas las nominaciones que se harán.

Características de los candidatos al Comité de Nominaciones

■ Ser miembros de la iglesia. Tienen que ser personas capaces de trabajar con confidencialidad. Las discusiones del comité son confidenciales; esto es, nadie ajeno al comité debe tener conocimiento de ellas. El comité tendrá que evaluar a las personas propuestas, lo que exige el manejo de asuntos muy delicados. Además, deben ser personas que puedan trabajar con metas. Este comité tiene una meta bien definida, tanto en calidad como en tiempo; por lo tanto, las personas que no puedan trabajar en estas condiciones, no deben formar parte de este comité.

■ Ser personas activas en la iglesia, que conozcan al resto de la congregación, que conozcan los dones y habilidades de los hermanos y las hermanas, de manera que puedan hacer buenas recomendaciones para las diversas posiciones.

■ Ser personas que sepan trabajar en equipo. Nombrar personas para los cargos no es tarea de un individuo, sino que es una tarea colectiva, de un conjunto de personas. Trabajar en equipo significa que somos responsables los unos a los otros.

■ Deberán evitar el «amiguismo» al momento de hacer recomendaciones. Si la persona no tiene los dones necesarios, no debe ser considerada. Si tiene los dones, es un factor que se debe considerar junto con los otros requisitos. No se puede nombrar a nadie porque haya estado en esa posición por años; al contrario, sería bueno un cambio tanto para la persona como para la institución. Mucho menos hay que nombrar a alguien porque «se enoja» si no lo hacemos. (Esto es una señal de que la persona no debe tener la posición). Es responsabilidad del comité nombrar a las personas mejor preparadas o más dispuestas a trabajar.

Responsabilidades del Comité de Nominaciones

■ Examinar, evaluar y calificar todas las posiciones y posibles candidatos, a la luz de la misión y visión de la iglesia, y de la estructura de la misma.

■ Recomendar a las personas para cada una de las posiciones en los ministerios, las juntas, los comités, etc. de la iglesia, de acuerdo con la estructura de la misma.

■ Entrevistar a las personas candidatas para (1) invitarlas a formar parte del equipo de trabajo de la iglesia, (2) explicarles cuáles serán sus responsabilidades, (3) afirmarles en sus dones y habilidades, (4) ofrecerles adiestramiento, si fuera necesario, y (5) orar con ellas al momento de tomar la decisión.

■ Se deberá evitar que una persona sirva en más de una junta o comité, porque así se asegura la participación del mayor número de personas y se crean más oportunidades de adiestramiento.

■ Todos los nombramientos serán por un año—esto evita el continuismo—, comienzan el 1 de enero y concluyen el 31 de diciembre, a menos que la organización de la iglesia provea nombramientos de dos o tres años en una posición. Si este fuera el caso, deberá diseñarse un sistema escalonado, en el cual unas personas salen de una junta, mientras que otras continúan en sus funciones.

Requisitos para las personas nominadas a las posiciones de la iglesia

- Ser miembro de la iglesia.
- Tener una vida de testimonio cristiano intachable, de manera que sirvan de ejemplo al resto de la congregación y a la comunidad.
- Ser diezmeros. Ser buenos mayordomos de su vida y sus bienes, con disciplina en todos los aspectos de la vida. Esto les da credibilidad ante la congregación.
- Estar dispuestos a recibir adiestramiento en su área de trabajo.
- Tener los dones idóneos para las posiciones. Por ejemplo: para el diaconado, que sepan algo de administración; para acción social que puedan trabajar con la comunidad; para la evangelización, que puedan visitar, predicar, etc.
- Apoyar el trabajo de la congregación, estar comprometidos con la tarea que vayan a realizar. Los miembros de las juntas y los comités son colaboradores del pastor o la pastora y como tales se deben considerar a sí mismos.

Organización o estructura de una iglesia bautista

Una posible organización

Recordamos que la organización debe responder a la congregación local, a su visión y misión. Esto significa que la organización o estructura de una congregación no puede ser copiada de otra, sino que tiene que trabajarse para que esa estructura sea funcional de acuerdo con las tareas que tengamos que realizar. Proponemos aquí una organización sencilla en su estructura, pero que cubre las necesidades básicas de cualquier congregación, incluyendo sus tareas, de manera general:

1. Diaconado. El *Diaconado* es el cuerpo rector o junta directiva de la iglesia. (Preferimos llamarla Diaconado y no Junta de Directores, para emplear un término bíblico). Su responsabilidad primaria es la administración de la iglesia—las propiedades, el presupuesto y el personal, o los recursos humanos. Básicamente, de acuerdo con las tareas, estará compuesto de las siguientes personas, a saber: presidencia, secretaría, tesorería, subtesorería (estas cuatro personas serán electas al Diaconado por votación directa de la congregación), más las presidencias de los cuatro ministerios o juntas de trabajo básicos. Las presidencias de las juntas serán electas por las juntas, una vez que hayan sido nombradas. Las presidencias de las organizaciones afiliadas (mujeres, hombres, jóvenes, etc.) pueden y deben ser consideradas como miembros del Diaconado, en cuyo caso la cantidad ascendería a unas once o doce personas.

El Diaconado es responsable de todo lo relacionado con:

- las propiedades–adquisición, mantenimiento, uso, etc.,
- los equipos–sonido y amplificación, transporte, mobiliario, equipo de oficina, etc.,
- el presupuesto–preparación, administración, seguimiento, ajustes, promoción de ofrendas especiales según la necesidad,
- los recursos humanos–secretaría, conserjería y otros,
- los seguros necesarios,
- las relaciones pastor-iglesia. Dará apoyo al programa pastoral, velará por el bienestar del pastor o de la pastora, servirá de intermediario en caso de que surja algún problema entre la congregación y el cuerpo pastoral,
- el programa. En consulta con el pastorado, establecerá el calendario de la iglesia, cuidará de que el programa de la iglesia (semanal, anual, celebraciones especiales, etc.) colme las necesidades de la congregación. Todo cambio en el programa deberá tener la aprobación de la congregación, recomendado por el Diaconado, en consulta con el Ministerio de Crecimiento Espiritual y el pastorado.

2. Ministerio de Crecimiento Cristiano o Vida Espiritual. Este equipo de trabajo es responsable de la vida espiritual de la congregación. Esa es su tarea primordial. En otras estructuras se la llama la Junta de Diáconos. Dentro de su área de trabajo encontramos:

- La adoración. Se ocupa de que la experiencia de adoración sea significativa y satisfaga las necesidades espirituales de la congregación. Esto incluye la planificación de la adoración y la educación sobre adoración. Velará para que se observen las doctrinas cristianas y los principios bautistas sobre adoración (véase el capítulo 5 sobre la adoración). En esta área, deberá trabajar de cerca y en cooperación con el Diaconado. Deberá organizar a los ujieres y adiestrarlos para un desempeño apropiado. (Véase sección sobre ujieres más adelante en este capítulo.)

■ La visitación. Es su responsabilidad preparar un plan de visitación (1) a enfermos de la congregación y la comunidad, (2) a personas nuevas, y (3) en casos de situaciones especiales (por ejemplo, casos de muerte, tragedias, desastres naturales, que afecten a las personas de la iglesia).

■ Las ordenanzas. Se organizará para la administración de las ordenanzas, los bautismos y la Santa Cena. Ayudará al pastor o a la pastora, según sea necesario, en la administración de los bautismos (preparación de candidatos, en el acto del bautismo, si el pastor o la pastora lo requiere). Establecerá la forma como se va a preparar y servir la Santa Cena, etc.

■ Los nuevos creyentes. Establecerá un plan de trabajo con los nuevos creyentes: visitación, seguimiento o acompañamiento, preparación para el bautismo, entrevistas, recomendaciones para el bautismo, bautismos, etc.

■ La beneficencia. Estará atenta a las necesidades particulares de ayuda a las familias y hermanos de la iglesia. A tales efectos, dispondrá de un plan para actuar inmediatamente, incluyendo la disponibilidad de un fondo económico (que coordinará con el Diaconado).

■ La vida espiritual. Establecerá un plan para estimular y mantener la salud espiritual de la congregación, tales como retiros, conferencias, clases, etc. Esto lo hará en consulta con el Diaconado para evitar superposición de actividades en el calendario.

3. Ministerio de Educación Cristiana. Es su responsabilidad asegurarse de que el programa de educación cristiana se desarrolle y lleve a cabo de acuerdo con las necesidades de la congregación y con la misión de la iglesia. Esto incluye:

■ La organización de la escuela bíblica. La organizará de acuerdo con las necesidades y los recursos disponibles; nombrará y adiestrará al personal docente (maestros, ayudantes, etc.);

seleccionará el mejor material de enseñanza; procurará y proveerá el espacio necesario para desarrollar el programa de educación cristiana (planta física, equipo, materiales, etc.)

■ La educación misionera. Planificará y llevará a cabo la campaña de misiones y promoverá la ofrenda misionera.

■ La mayordomía (Si la iglesia tiene un Ministerio o Junta de Mayordomía, estas tareas serán su responsabilidad. Si no se cuenta con ese equipo de trabajo, el Ministerio de Educación Cristiana asumirá estas tareas). Por lo menos una vez al año realizará una campaña de mayordomía integral, que incluirá la educación, el descubrimiento y desarrollo de dones, reclutamiento de diezmeros y actividades de consagración integral.

■ Los retiros. Planificará retiros para la congregación, especialmente para la niñez y la juventud. Además, promoverá los retiros organizados por la denominación (juventud, mujeres y hombres).

■ La escuela de verano. Considerará la posibilidad de tener una escuela de verano, especialmente para la niñez, y la planificará.

■ El arte cristiano. Estimulará y promoverá la presentación de dramas, conciertos y otros. Además, ofrecerá talleres de capacitación y desarrollo del talento artístico cristiano.

■ Los talleres. De acuerdo con los otros ministerios de trabajo, planificará y llevará a cabo talleres de capacitación, según las necesidades e intereses de la congregación.

4. Ministerio de Acción Social. La responsabilidad de este ministerio es el testimonio a la comunidad. Trabajará con los asuntos de la comunidad que requieran la intervención de la iglesia o según se les solicite. Trabajará directamente en:

■ Situaciones de emergencia. Inundaciones, huracanes, incendios, etc. Para esto deberá tener un plan de emergencia que le permita actuar inmediatamente. Este plan deberá incluir recursos humanos, económicos y de bienes (enseres, ropa, ropa de cama, artículos de primera necesidad, entre otros). En este renglón deberá incluir posibles casos de beneficencia a personas que no sean miembros de la iglesia.

■ Programas especiales. Podrá responder a una necesidad de la comunidad diseñando o creando programas para suplir tal necesidad; por ejemplo, trabajo con deambulantes o personas sin hogar, comidas calientes, tutorías a la niñez, bibliotecas, entre otras posibilidades.

■ Actividades económicas. Tendrá la responsabilidad de desarrollar actividades económicas que proveerán fondos para estos programas.

5. Ministerio de Evangelización

Será responsabilidad de este ministerio, en consulta y de acuerdo con el pastorado, establecer un plan de evangelización efectivo y que responda a las necesidades y los tiempos que vivimos.

■ Planificar y organizar campañas de evangelización, escoger los lugares, buscar los recursos (predicadores, música, equipo). En este renglón se incluyen las campañas de Semana Santa, aniversarios, evangelismo navideño, evangelismo de verano, semana de la juventud, de las mujeres, de los hombres, de la niñez y otras actividades. Toda esta planificación se hará en consulta y de acuerdo con el pastorado y los líderes de los diversos ministerios.

■ Visitación evangelizadora. Establecer un plan de visitación casa por casa, para invitar, compartir el evangelio y orar en los hogares.

■ Planificar y organizar cualquier otro método evangelizador, además de las campañas de evangelización, que se consideren necesarias.

■ Talleres. Planificar y ofrecer talleres sobre evangelización y capacitación para el discipulado: visitas evangelizadoras, visitación a los enfermos, visitación de consolación y otros temas de interés.

Incluimos el modelo de una posible organización o estructura. Sin embargo, insistimos en que la organización de una iglesia local tiene que responder a su misión y recursos. No hay una estructura obligatoria.

Presentamos esta como modelo. Añádale, quítele o cambie este modelo según sus necesidades.

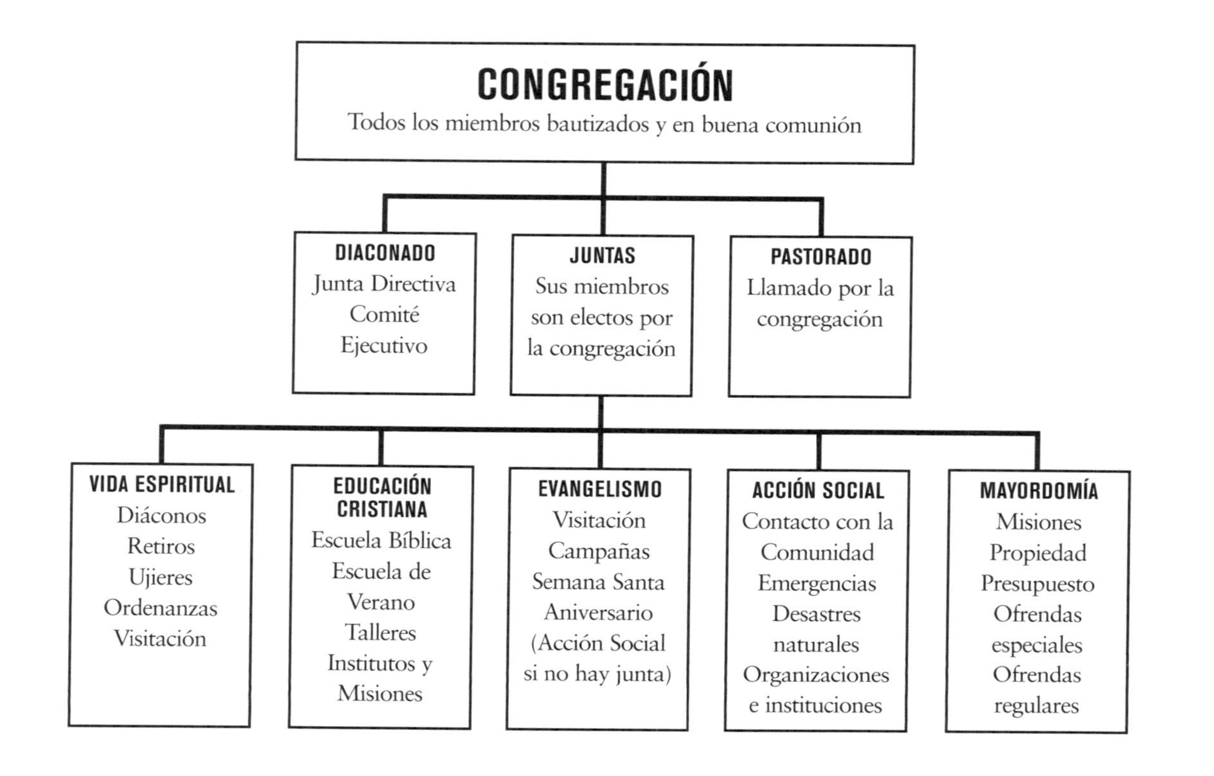
CONGREGACIÓN
Todos los miembros bautizados y en buena comunión
DIACONADO
Junta Directiva
Comité
Ejecutivo
JUNTAS
Sus miembros
son electos por
la congregación
PASTORADO
Llamado por la
congregación
VIDA ESPIRITUAL
Diáconos
Retiros
Ujieres
Ordenanzas
Visitación
EDUCACIÓN CRISTIANA
Escuela Bíblica
Escuela de
Verano
Talleres
Institutos y
Misiones
EVANGELISMO
Visitación
Campañas
Semana Santa
Aniversario
(Acción Social
si no hay junta)
ACCIÓN SOCIAL
Contacto con la
Comunidad
Emergencias
Desastres
naturales
Organizaciones
e instituciones
MAYORDOMÍA
Misiones
Propiedad
Presupuesto
Ofrendas
especiales
Ofrendas
regulares

Descripción de tareas del Comité Ejecutivo

Como ya hemos expresado, el Diaconado está compuesto por **los miembros electos por la asamblea**, más las presidencias de los ministerios (juntas), electos por esos órganos. Además, forman parte del Diaconado las presidencias de las organizaciones afiliadas, tales como mujeres, hombres, jóvenes, adultos mayores, etc. A continuación, destacaremos las tareas del Comité Ejecutivo, que lo forman los miembros electos por la asamblea.

Los deberes de las presidencias de organizaciones afiliadas los definen las propias organizaciones. Recordemos que el cuerpo pastoral, ya sea uno o varios pastores, son miembros ex oficio (por razón de su posición) de todos los organismos de la iglesia.

Presidencia de la asamblea

- En consulta con el pastor o la pastora, preparará la lista de asuntos que atender (la agenda) para las reuniones del Diaconado y de la congregación.
- Presidirá las reuniones del Diaconado y las asambleas de la congregación. (En caso de que así lo prefiriera, puede delegar esta responsabilidad en el pastor o la pastora, de acuerdo y en consulta entre ambas partes).
- Representará a la iglesia en ausencia del pastor o la pastora.
- En caso de vacante pastoral, desempeñará el liderato de la congregación, a menos que el Diaconado determine otra cosa.
- Dispondrá de información actualizada del trabajo de las otras juntas y comités.

Vicepresidencia

- Asumirá las funciones de la presidencia en ausencia de esta.
- En caso de vacante en la presidencia, asumirá la presidencia del Diaconado.
- Trabajará de cerca con el presidente o la presidenta para conocer bien las responsabilidades y funciones de la presidencia.
- Asumirá las funciones que el Diaconado le asigne.
- Será miembro del Diaconado y asistirá a todas las reuniones.

Secretaría

■ Se encargará de llevar un registro fiel de todas las reuniones del Diaconado y de la congregación. Pondrá especial atención en registrar las resoluciones tomadas por el Diaconado y la iglesia en asamblea (acuerdos o propuestas y cuántos votos, a favor, en contra y abstenciones, obtuvieron).

■ Custodiará todos los documentos oficiales de la iglesia—certificado de incorporación, pólizas de seguros, escrituras, certificado de propiedad de vehículos, presupuestos aprobados, organigrama, reglamento o directrices (véase sección de Reglamentos y Directrices y de Presupuesto en este capítulo), actas o minutas y lista de miembros y cualquier otro documento de importancia. Deberá mantenerlos al día y guardados en un lugar seguro, asignado en las oficinas de la iglesia.

■ Será miembro del Diaconado y asistirá a todas las reuniones.

■ Cualquier otra función que le asigne el Diaconado.

Tesorería

■ Custodiará todos los fondos de la iglesia, por los cuales deberá velar. Los fondos son de la congregación y deben usarse según se indique en el presupuesto o por acuerdos de la congregación.

■ Mantendrá un registro de todos los depósitos y gastos. Deberá mantener este registro al día, de manera que en cualquier momento que se requiera se pueda tener la información correcta.

■ Se asegurará de darle el uso apropiado a los fondos, según especificado en el presupuesto y aprobado por la iglesia en asamblea.

■ Hará todos los pagos mensuales regulares—nómina (sueldos, seguros y otros beneficios marginales), agua, luz, teléfonos, fondo unido[4] y ofrendas correspondientes, vehículos, gasolina, etc.

■ Preparará y presentará informes trimestrales para la asamblea de la iglesia (o cada vez que haya asamblea) y cuantas veces le sea requerido por el Diaconado.

■ Mantendrá al Diaconado y al pastorado informado del avance del presupuesto (particularmente si no se están cubriendo las partidas) para el debido seguimiento con el Diaconado y la congregación.

■ Firmará todos los cheques (luego de revisar las facturas, etc.). Junto al Comité de Finanzas deberá establecer un protocolo o procedimiento para el pago de facturas. Se deben registrar en el banco por lo menos tres firmas; se requerirán dos para expedir un cheque, de las cuales la firma del tesorero se requerirá en todo cheque.

■ Le asignará a la subtesorería las tareas que deba realizar, además de las que se especifican más adelante.

Subtesorería

■ Ayudará a contar las ofrendas al terminar cada culto. Esta actividad deberá hacerse por más de una persona, nunca por una sola persona. Preparará el correspondiente depósito.

■ Depositará las ofrendas en el banco según las reciba. (En iglesias donde las ofrendas son considerables deben tener un depósito nocturno, de manera que las ofrendas se puedan depositar al concluir el conteo, sea domingo o por las noches.)

■ No debe guardar ofrendas en ningún lugar que no sea el banco.

■ Asistirá a la tesorería, si así se le requiere, en la preparación de informes al Diaconado y a la congregación.

■ Preparará el informe detallado de los dineros recibidos, para lo cual se diseñará un formulario. (Recomendamos un formulario donde se detallen los billetes, o papel moneda, por denominación—tantos billetes de $1, tantos de $5, de $10, las monedas según el valor, cheques, etc. que se recibieron.) Al final, todo debe cuadrar. Este informe se le entregará al tesorero, y una copia quedará en la oficina de la iglesia.

Comité de Ujieres

Los ujieres se organizarán bajo el Ministerio de Crecimiento Cristiano, como parte de su responsabilidad de velar por el bienestar espiritual de la congregación.

¿Qué son los ujieres?

Los ujieres representan una profesión muy antigua. Son las personas encargadas de llevar a los invitados a la presencia del rey. Si aplicamos este concepto a la iglesia, los ujieres son las personas encargadas de conducir a los adoradores a la presencia del Rey de reyes y Señor de señores.

La adoración comienza desde que la persona llega al templo. Una sonrisa, una mano extendida, un gesto amable, puede significar que la persona que viene a adorar llegue a la presencia del Señor en disposición de escucharlo y responderle. La manera como la persona es recibida y acogida puede ser determinante; puede significar su salvación porque preparó el corazón para recibir a Jesucristo.

Deberes

■ Recibirán a las personas en la puerta. En algunas iglesias grandes, con amplias facilidades de estacionamiento, tener algunos ujieres (no directores de tránsito) en el estacionamiento ayudará a los visitantes a encontrar un lugar apropiado para estacionar sus automóviles y dirigirlos hasta el templo.

■ Si la persona es una visita, anotarán su nombre, dirección completa (residencial y postal), teléfonos, etc., en el formulario o tarjeta provista para ese propósito.

■ Dirigirán o acompañarán a las personas a su asiento. Esto es muy importante cuando el templo está lleno.

■ Repartirán los boletines, programas, hojas de cántico y cualquier otro material necesario para la adoración.

■ El primer ujier que llegue al templo, deberá verificar que las entradas estén libres y que los servicios sanitarios estén abiertos y con los materiales necesarios. También deberá asegurarse de que los platos de ofrenda están en su lugar, y que el templo esté listo—limpio, ventilado—para los adoradores.

■ Recogerán las ofrendas y una persona, previamente designada, orará por ellas. Ayudará, si así lo dispone el Comité Ejecutivo, en el conteo de las ofrendas en el lugar asignado para ello y a preparar el informe de las ofrendas.

■ Se pondrán de acuerdo en qué forma se recogerán las ofrendas: de atrás hacia adelante o de adelante hacia atrás, si pasarán los platos o recibirán las ofrendas adelante, etc. Este asunto lo deben discutir y ponerse de acuerdo y luego comunicarlo a la congregación. Otra forma de hacerlo es recoger, algunas veces, la ofrenda en las bancas y otras, que pasen adelante para depositarlas, pero exige mucha coordinación.

- La oración puede ser antes o después de la colecta y debe ser exclusivamente por la ofrenda. Se puede invitar a la congregación a ponerse de pie para orar.
- Realizarán cualquier otra función que se les asigne, ya sea por el pastorado o por el Ministerio de Crecimiento Cristiano.
- Se deben organizar en equipos—por lo menos, en dos equipos—para alternarse en las tareas. Si hay más de un equipo, el líder de los ujieres debe hacer un programa para asignar los días de servicio de cada grupo.
- En ocasiones especiales—Semana Santa, aniversarios, conciertos, dramas—, puede ser necesario reclutar personas adicionales o pedir la colaboración de todos los equipos.
- Deberán estar temprano, al menos treinta minutos antes de comenzar el culto.
- Estarán pendientes por si fuera necesario mover y abrir sillas, lo que deberán hacer de forma lo más rápida y silenciosa posible. Deberán asegurarse de que haya sillas adicionales disponibles y accesibles todo el tiempo.

¿Reglamentos o directrices?

El reglamento es un documento para ayudarnos a comprender mejor nuestra vida de iglesia, para poder organizarla de manera que cumplamos con la misión, para dar uniformidad a los procesos dentro de la congregación y para promover y mantener la unidad de la iglesia. Además, sirve para establecer las líneas de autoridad y de responsabilidad que evitan conflictos innecesarios y el mal uso del poder.

Al igual que el presupuesto, al que nos referiremos brevemente más adelante, el reglamento es como un mapa que nos marca el camino y nos ayuda a mantenernos enfocados en la misión de la iglesia.

Este documento contiene detalles de la organización, tales como el tiempo y la frecuencia de las asambleas, la membresía, las autoridades, los ministerios, las juntas y comités que forman la estructura, y otros detalles que pueden necesitar cambios de tiempo en tiempo. Esto significa que el reglamento no es una camisa de fuerza, o que está escrito en tablas de piedra. **Es un instrumento para facilitarnos la tarea, no para impedirla o dificultarla.** Sin embargo, no puede alterarse o enmendarse para resolver asuntos imprevistos y temporales. De hecho, casi siempre las enmiendas a un reglamento requieren un estudio concienzudo, recomendaciones valiosas y el voto afirmativo de la congregación. Esto significa que tenemos que ser cuidadosos en la confección y aplicación del mismo. **No podemos permitir que un grupo utilice este valioso instrumento para impedir la participación de algunas personas, para sacar miembros de la iglesia o para hacerle la vida imposible al pastor o la pastora.** El reglamento no puede convertirse en una vara para castigar a los miembros de la iglesia. El reglamento tiene que ser «diseñado y hecho a medida» para cada congregación. No podemos copiarlo de ninguna otra iglesia, pues los intereses, los recursos y la misión de cada congregación son diferentes.

¿Qué debe incluir un reglamento?

Insistiendo en la individualización o «congregacionalización» del reglamento, les presentamos una lista de asuntos que debe incluir.

- Nombre completo de la iglesia.
- Propósito del reglamento.
- Membresía–quiénes serán miembros, y cómo se recibirán miembros, cómo se darán de baja, cómo se tratará con ellos en casos de disciplina, ausencias, mal testimonio, etc.; esto es, las personas que pertenecerán a la iglesia y los procesos que se usarán para tratar los asuntos de membresía.
- Deberes de los miembros.
- Composición (cuántas juntas o comités habrá, cuáles serán y la cantidad de personas que las integrarán) y deberes de los ministerios de la iglesia—juntas, comités—, incluyendo al pastorado. (Ver descripción en este mismo capítulo.)
- Composición y deberes de comités temporales o ad hoc (que

sirven a un solo propósito y cuando cumplen su misión desaparecen, como el Comité de Nominaciones).

- Composición y deberes de los ministerios especializados (si los hay) y su relación con la iglesia; por ejemplo, escuelas, academias, corporaciones de acción social.
- Enmiendas–proceso para enmendar el documento.
- Separabilidad–provisiones para anular o dejar en suspenso partes del reglamento.
- Vigencia–cuándo entra en vigencia.
- Algunas iglesias incluyen un inciso o artículo estipulando sus creencias básicas, tales como la forma de bautismo.

Les presentamos unas guías para la confección, tanto del reglamento como de las directrices, las cuales consideraremos seguidamente.

- La organización debe ser lo más sencilla posible, de manera que pueda funcionar eficientemente.
- Hacer distinciones claras y específicas entre la toma de decisiones y la implementación de las mismas.
- La organización debe habilitar la coordinación de todos los ministerios de la iglesia, de tal manera que todos contribuyan al propósito común: la misión de la iglesia.
- Las líneas de responsabilidad de los grupos y subgrupos deben estar claras; por ejemplo, los ujieres responden a Crecimiento Cristiano, quien a su vez responde al Diaconado, quien responde a la congregación toda.
- La cantidad de ministerios y de personas en esos ministerios debe estar en equilibrio con el tamaño de la congregación. Así se asegurarán los recursos necesarios para que el liderato pueda realizar la tarea.

Las directrices

Quisiéramos sugerir un método alterno, que no es el reglamento, para gobernar a la iglesia. Se refiere a lo que llamamos *directrices*. Estas son una serie de reglas sencillas, breves y ordenadas que nos van a guiar en el gobierno de la iglesia. A diferencia de los reglamentos, las directrices son más flexibles, puesto que no requieren un quórum específico para su aprobación o para introducir cambios. Las iglesias pequeñas o en proceso de organizarse pueden beneficiarse de este instrumento por su sencillez y fácil manejo. Sin embargo, hemos tenido experiencia pastoral en iglesias «grandes» y muy estructuradas que funcionan con directrices y que no tienen reglamentos.

Al igual que en el reglamento, las directrices deben indicar quién va a hacer las cosas, cuándo y cómo. A continuación les presentamos un ejemplo de directrices para una iglesia bautista.

Directrices para el gobierno de una Iglesia Bautista.

1. La iglesia celebrará asambleas ordinarias cada tres meses (4 al año) para:

- recibir informes pastorales, económicos, comités temporales, etc.,
- darle seguimiento a los asuntos que lo ameriten,
- aprobar el presupuesto anual (diciembre de cada año),
- nombrar miembros para los diversos ministerios (juntas y comités) en diciembre de cada año, y
- tratar cualquier otro asunto que, ya sea el pastorado o el Diaconado, consideren pertinente.

2. Se celebrará la Santa Cena el primer domingo de cada mes.

3. Se nombrará un Comité de Nominaciones, compuesto por cinco miembros (o siete miembros, si la congregación es más grande), que se encargará de reclutar candidatos para los diversos ministerios y presentarlos a la congregación para su elección. Este comité deberá ser nombrado no más tarde del mes de septiembre y concluirá cuando la iglesia haya nombrado sus autoridades. Será tarea de este comité considerar los mejores candidatos para cada posición, entrevistarlos, y orientarlos en cuanto a sus funciones.

4. Los nombramientos a las diversas posiciones dentro de la iglesia suelen ser por períodos de un año, de enero a diciembre. En aquellas iglesias en que los nombramientos son por más de un año (períodos de dos o tres años), se debe establecer un proceso

escalonado para que todos los años unas personas salgan y otras continúen en su cargo, de modo de darle continuidad al trabajo. La primera vez que se elijan las personas se nombrarán unas por un año, otras por dos y otras por tres, dependiendo de la duración de los términos. En los años subsiguientes, los nombramientos serán por el total de los períodos establecidos, sean dos o tres años.

5. El Diaconado (o Comité de Finanzas o ambos en colaboración) tendrá la responsabilidad de confeccionar un presupuesto para el próximo año de trabajo y presentarlo a la congregación para su aprobación o enmienda, a más tardar en el mes de diciembre de cada año.

6. Se registrarán tres firmas para la cuenta bancaria. Todo cheque requerirá dos de las tres firmas, una de las cuales será la del tesorero.

Estos son seis incisos que ilustran cuándo se harán las cosas, quién las hará y cómo. Este documento se puede cambiar o enmendar en una reunión ordinaria con un voto mayoritario. Una vez que se aprueben las directrices, se anotará la fecha de aprobación y su vigencia.

Es muy importante y se le debe dar atención cuidadosa, ponerle fecha a todos los documentos que rigen la vida de la iglesia, incluyendo las enmiendas a los reglamentos. La fecha es de incalculable valor a la hora de tomar determinaciones trascendentales, tales como cambios en el programa, desafiliar miembros, etc. Tan pronto la asamblea toma una determinación que afecta estos documentos, se debe hacer la anotación pertinente con la fecha de la misma.

Como verán, las directrices son una alternativa válida y flexible en lugar de un reglamento, que es más formal y riguroso.

El presupuesto

El presupuesto es un documento tan importante como el plan de actividades de la iglesia. Se confecciona y administra por un año. Veamos el por qué de la importancia de este valioso instrumento de trabajo.

■ **El presupuesto es un estimado anual de ingresos y gastos.** En él se registra lo que esperamos recibir y lo que esperamos gastar.

■ **Es una proyección de uso de los dineros recibidos.** De antemano, tendremos una idea del dinero que tendremos disponible para realizar la misión.

■ **Es un mapa que nos ayudará a llegar a la meta,** que es la misión de la iglesia.

■ **Es un documento de control.** Nos ayudará a controlar los gastos presupuestados y aprobados por la congregación. La partida de gastos se debe mantener lo más fielmente, según establecido.

■ **Se debe revisar y ajustar según avanza el año.** Si vemos que no se está recibiendo el dinero estimado, será necesario hacer ajustes en la proyección de gastos.

■ **Será responsabilidad del Comité de Finanzas o del Diaconado,** o ambos en colaboración, confeccionar el presupuesto de cada año. Esto debe hacerse antes de finalizar el año, para ser aprobado por la iglesia, de manera que el primer día del año—o cuando el diaconado determine que comenzará el año fiscal de la iglesia, que puede ser otra fecha—el presupuesto aprobado entre en vigencia. Sugerimos comenzar su preparación durante los meses de septiembre u octubre.

■ Las asignaciones se harán a base de lo estimado y a las necesidades de los diversos ministerios de la iglesia.

■ El presupuesto se preparará a base de

1. la misión de la iglesia (qué es lo que queremos hacer).

2. proyectos específicos para el año. Por ejemplo: si se va a celebrar un aniversario especial—50 años, 100 años—los renglones de evangelización, recepciones, obsequios, etc. tienen que ser considerados de manera especial.

3. posibilidades de los miembros que ofrendan. Un domingo en la mañana se puede llenar un formulario dirigido a conocer el potencial de ofrendas de la congregación. Se le preguntará a cada persona que, de forma anónima, indique cuánto gana mensual o anualmente. Luego se calculará el diez por ciento de la suma total, para determinar el potencial de diezmos. Es una herramienta muy útil para confeccionar el presupuesto y que le permitirá al Comité de Finanzas desafiar a la congregación a alcanzar esa meta.

4. experiencias de años anteriores. Las cifras del año anterior nos pueden servir de guía para invitar y desafiar a la congregación a sobrepasarlas. Por otro lado, si notamos que dinero asignado a un ministerio no se usó o no se usó en su totalidad, eso nos da una idea, primero, de que hay que reforzar tal ministerio, y segundo, que hay que ajustar la partida asignada.

5. Promesas y actividades especiales. Antes de preparar el presupuesto se debe tener una «campaña de mayordomía»—sermones, clases bíblicas, testimonios, sueños—que prepare a la congregación para comprometerse con sus ofrendas. Un domingo, el culto debe girar alrededor del tema de la mayordomía (tesoro, talentos, tiempo, y todo) y tener tarjetas de promesa para el año. La promesa es lo que cada persona, en gratitud por las bendiciones del Señor y confiando en sus promesas, ofrece a la iglesia para realizar su misión. Es un paso de fe. Las personas que preparan el presupuesto tendrán una idea de cuánto se prevé recibir y usarán esa información para el presupuesto.

¿Qué se debe incluir en el presupuesto?

En la parte de **Ingresos:**

Ofrendas regulares–diezmos, ofrendas sueltas y sobres (todos los días de culto).

Ofrendas especiales–Semana Santa, Navidad, Misionera Mundial, aniversarios, cumpleaños, actividades económicas y otras actividades.

Ofrendas de organizaciones–mujeres, hombres, jóvenes, niñez, células, misiones.

Cualquier otra ofrenda que se pueda anticipar–donativos especiales y otras.

En la parte de **Egresos:**

Gastos administrativos–salarios de personal (pastorado, secretarías, conserjerías), beneficios, bonos, licencias (enfermedad, maternidad), estudios continuados, gastos de representación y otras responsabilidades administrativas.

Gastos especiales–Fondo Unido (la parte de los ingresos que compartimos con la denominación, asociación, convención o federación), beneficencia, becas, aniversarios, Semana Santa, predicadores invitados, programas de radio y televisión, actividades especiales.

Gastos operacionales–materiales y equipo de oficina (ya sea compra o renta), materiales didácticos, agua y electricidad, teléfonos, renta pastoral, seguros (propiedades, médicos, responsabilidad pública, vehículos, profesionales), transporte (vehículo y gasolina), mantenimiento (reparaciones, mano de obra, materiales, etc.), auditorías, homenajes y celebraciones (obsequios, refrigerios, etc.), gastos legales, pagos de préstamos y otras obligaciones operacionales.

Otros gastos e imprevistos–Siempre se debe separar una cantidad para gastos no contemplados o imprevistos. No podemos anticipar con exactitud todos los acontecimientos que puedan suceder en la vida de la congregación, y debemos tener un fondo para esas circunstancias.

Toda congregación—sea «grande», «mediana» o «pequeña»—debe tener un presupuesto con el cual trabajar. El presupuesto, en cierto modo, representa un desafío a la congregación. Tenemos ciertas responsabilidades, proyectos y misión que realizar y tenemos que cumplir con ellos.

Informes escritos

El pastor o pastora debe llevar una bitácora o agenda de su trabajo diario o semanal, de manera que pueda preparar un informe para las reuniones del diaconado y para la asamblea de la congregación. Igualmente se presentarán informes escritos de tesorería, de los diversos ministerios y de los comités temporales, tanto para las reuniones del diaconado, como para las asambleas de la iglesia. Estos informes servirán, además, como fuente histórica de la iglesia. Los informes y las actas conforman la memoria histórica de la congregación, de ahí la importancia de estos documentos y su debida conservación.

Para estudio y discusión

1. ¿Cuáles son las dos preguntas básicas que debemos hacernos al momento de considerar la organización o estructura de una

iglesia bautista? ¿Por qué debe ser así?

2. ¿Qué guías nos ofrece la Palabra para la organización de una iglesia?

3. ¿Por qué debemos usar los términos bíblicos para los oficios de la iglesia? ¿Qué implicaciones tiene usar la terminología secular o la bíblica?

4. ¿Cómo se deben escoger las personas que servirán en la iglesia? Mencione algunos de los requisitos para ser candidato a una posición en la iglesia. ¿Cuáles son los instrumentos que tenemos para hacer buenas selecciones?

5. ¿Cuál es la relación que debe tener el pastorado con el diaconado de la iglesia?

6. ¿Qué significa la membresía en una iglesia bautista? ¿Cómo se deben tratar los asuntos de disciplina en una iglesia bautista? ¿Qué dicen las confesiones de fe sobre esto?

7. ¿Cuál es el propósito de las asambleas congregacionales en una iglesia bautista?

8. ¿Cuál es el propósito del presupuesto? ¿Cómo se prepara?

Notas

1. Aunque el término «obispo» es un término bíblico, históricamente se lo ha asociado con una connotación de poder y autoridad. Sin embargo, no debemos tener temor de usarlo, acompañado de la debida educación sobre la autoridad y el poder en una iglesia bautista. (Ver capítulo 5 para información sobre autoridad y poder).

2. En otras estructuras, como la que proponemos en este libro, la Junta de Diáconos se conoce como Junta de Crecimiento Cristiano o Diaconado.

3. Usamos septiembre pensando en el año natural, de enero a diciembre, pero si el año eclesiástico no coincide con el natural, entonces deberá nombrarse por lo menos con tres meses de anticipación.

4. Por «Fondo Unido» nos referimos a los aportes que hacen las congregaciones locales a las oficinas de la denominación (asociación, convención, federación, etc.).

bibliografía recomendada

Español e inglés

ABC/USA. 1987. *American Baptist Quarterly.* «American Baptist Identity», Vol. VI, No. 2, Valley Forge: American Baptist Historical Society.

Anderson, Justo C. 1978. *Historia de los bautistas. Tomo I. Sus bases y principios.* El Paso, TX: Casa Bautista de Publicaciones.

———. 1990. *Historia de los bautistas. Tomo II. Sus comienzos y desarrollo en Europa y Norteamérica.* El Paso, TX: Casa Bautista de Publicaciones.

———. 1974. *La iglesia bautista. Ensayos eclesiológicos.* Texas: Casa Bautista de Publicaciones; Argentina: Asociación Bautista Argentina de Publicaciones.

Armstrong, Richard Stoll. 1984. *The Pastor as Evangelist.* Philadelphia: Westminster Press.

Barlett, Gene E. 1978. *The Authentic Pastor.* Valley Forge: Judson Press.

Blevins, Carolyn D. 2003. *Women's Place in Baptist Life.* Brentwood, TN: The Baptist History & Heritage Society.

Birch, Bruce C. & Rasmussen, Larry L. 1989. *Bible & Ethics in the Christian Life.* Minneapolis: Augsburg.

Boney, William Jerry & Igleheart, Glenn A., eds. 1980. *Baptists & Ecumenism.* Valley Forge: Judson Press.

Bow, J.G. [s/f] *What Baptists Believe and Why They Believe It.* Nashville: The Sunday School Board of the Southern Baptist Convention.

Brackney, William C., ed. 1983. *Baptist Life and Thought: 1600-1980. A Source Book* (rev. ed.), Valley Forge: Judson Press.

———. 1988. *The Baptists.* New York: Greenwood Press.

Burrows, Miller. 1946. *An Outline of Biblical Theology.* Philadelphia: The Westminster Press.

Bush, L. Russ & Nettles, Tom J. 1980. *Baptists and the Bible: The Baptist Doctrine of Biblical Inspiration and Religious Authority in Historical Perspective.* Chicago: Moody Press.

Carrasco, Pedro Enrique. 1988. «El orden religioso bautista: ¿una democracia restringida? Aproximaciones sociológicas a la organizidad bautista en América Latina» en *Hacia una fe evangélica latinoamericanista: una perspectiva bautista,* Jorge Pixley, editor. Costa Rica: Departamento Ecuménico de Investigaciones.

Cavanagh, Michael E. 1986. *The Effective Minister: Psychological and Social Considerations.* San Francisco: Harper & Row Publishing.

Cole, Edward B.N. 1976. *The Baptist Heritage.* Elgin, IL: David C. Cook Pub.

Cook, Henry. 1958. *What Baptists Stand For.* London: Kingsgate Press.

Costas, Orlando E. 1986. *Evangelización contextual: Fundamentos teológicos y pastorales.* San José, C.R.: Editorial Sebila.

———. 1973. *¿Qué significa evangelizar hoy?* San José, C.R.: Publicaciones INDEF [fc.].

———. Compilador. 1973. *Hacia una teología de la evangelización.* Buenos Aires: Ed. La Aurora [fc.].

Cothen, Grady C. y Dunn, James M. 2000. *Soul Freedom: Baptist Battle Cry.* Macon, GA: Smyth & Helwys.

Cueni, Robert R. 1988. *What Ministers Can't Learn in Seminary.* Nashville: Abingdon Press.

Cullmann, Oscar. 1951. *Early Christian Worship.* Tr. Stewart Todd y James B. Torrance. Londres: SCM Press Ltd.

Dilday, Russell H. 1995. *Authenticus Baptistus: Endangered Species.* New York: M&M Benefit Board. (fotocopia).

Dittes, James E. 1970. *Minister on the Spot.* Philadelphia: Pilgrim Press.

Driver, Juan. 1994, 2da. ed. *Contra Corriente: ensayos sobre la eclesiología radical.* Colombia-Guatemala: Ediciones Semilla-Clara.

Durnbaugh, Donald F. 1992. *La iglesia de creyentes. Historia y carácter del protestantismo radical.* Colombia-Guatemala: Ediciones Semilla-Clara.

Duna, H.E. 1944. *A Manual of Ecclesiology.* Kansas City, Central Seminary Press.

Estep, W.R. 1984. *Revolucionarios del siglo XVI: Historia de los anabautistas.* Texas: Casa Bautista de Publicaciones.

Ferguson, Everett. 1993. «How We Christians Worship» en *Christian History,* Issue 37 (Vol. XII, No. 1). Carol Stream, IL: Christian History.

Fisher, Jorge P. 1984. *Historia de la Reforma.* Barcelona: CLIE.

Freeman, Curtis W., McClendon, Jr., da Silva C. Rosalle Velloso, compiladores. 1999. *Baptist Roots. A Reader in the Theology of a Christian People.* Valley Forge: Judson Press.

Garett, Duane A. & Melick, Richard, Jr. eds. 1987. *Authority and Interpretation: A Baptist Perspective.* Grand Rapids: Baker Book House.

Gaustad, Edwin S. 1999. *Liberty of Conscience: Roger Williams in America.* Valley Forge: Judson Press.

Gaver, Jessica Russell. 1973. *You Shall Know the Truth: the Baptist Story.* New York.

Gilmore, Alec. 1966. *Baptism and Christian Unity.* Valley Forge: Judson Press.

———. 1963. *The Pattern of the Church: A Baptist View.* London: Lutterworth Press.

Goodwin, Everett C. ed. 1997. *Baptists in the Balance: The Tension Between Freedom and Responsibility.* Valley Forge: Judson Press.

Gutiérrez, Juan Angel. 1996. «Libertad Religiosa» en *Somos un pueblo que afirma su identidad. Lecciones para la escuela bíblica.* San Juan: Iglesias Bautistas de Puerto Rico.

———. 1997, segunda época, enero-abril. «Separación de Iglesia y Estado: ¿mito o realidad?» en *Casabe: Pan de Dios, Revista Puertorriqueña de Teología,* Bayamón: Casabe.

Handy, Robert T. 1960. *Members One of Another.* Philadelphia: Westminster.

Harrison, Paul M. 1959. *Authority and Power in the Free Church Tradition: A Social Case Study of the American Baptist Convention.* Princeton, NJ: Princeton University Press.

Hayden, Roger, ed. 1974. *Records of a Church of Christ in Bristol–1640 to* 1687. Gateshead, Northumberland Press Ltd.

Hays, Brooks and Steely, John E., eds. 1963. *The Baptist Way of Life.* Englewoods Cliff, NJ: Prentice Hall, Inc.

Hedley, George. 1956. *The Minister Behind the Scenes. The James A. Gray Lectures at Duke University.* New York: Macmillan.

Henriquez, César. 2002. *Culto, teología y postmodernidad.* Consulta Teológica en Venezuela. http://entrecristianos/articulos/cesarhenrique/postmoder/4.shtml.

Herzog, William R. 2005. «Busted Boda Bags and Baked Clay Pots: A Reflection on the Crisis Facing American Baptists» en *Baptist Freedom,* Fall 2005. Roger Williams Fellowship of American Baptists. (fotocopia).

Hobbs, Herschel J. 1971. *The Baptist Faith and Message.* Nashville: Convention Press.

Howe, Claude L., Jr. 1981. *Glimpses of Baptist Heritage.* Nashville: Broadman Press.

Hudson, Winthrop S. 1979. *Baptists in Transition: Individualism and Christian Responsibility.* Valley Forge: Judson Press.

———, ed. 1959. *Baptist Concepts of the Church.* Valley Forge: Judson Press.

Hunt, Harley D., ed. 1990. *The Stained Glass Fishbowl.* Valley Forge: The Ministers Council.

Lang, George A. 1959. *A Baptist Handbook.* Forest Park, IL: North American Baptist General Conference.

Lederach, Paul M. 1995. *Un tercer camino. Reflexiones sobre el anabautismo.* Colombia-Guatemala: Ediciones Clara-Semilla.

Leonard, B.J. 2003. *Baptist Ways: A History.* Valley Forge, Pa.: Judson Press.

Lumpkin, William L. 1959. *Baptists Confessions of Faith.* Philadelphia: The Judson Press.

Lyle, Bradford. 1984. *Bulding Relationships Through Pastoral Visitation.* Valley Forge: Judson Press.

Maring, Norman H. y Hudson, Winthrop, S. 1991. *A Baptist Manual of Polity and Practice,* Rev. ed. Valley Forge: Judson Press.

Martin, Ralph P. 1975. *Worship in the Early Church.* Grand Rapids: Eerdmanns Pub. Co.

Maxwell, William D. 1963. *El Culto Cristiano.* Buenos Aires: Methopress Editorial y Gráfica.

Moody, Dale. 1963. *Christ and the Church.* Grand Rapids: Eardmans Publishing Co.

McBeth, H. Leon. 1987. *The Baptist Heritage.* Nashville: Broadman Press.

Mc Call, Duke K. 1958. *What is the Church?* Nashville: Broadman Press.

McNutt, William Roy. 1935. *Polity and Practice in Baptist Churches.* Philadelphia: Judson Press.

Morikawa, Jitsuo. 1961. *Pastors for a Servant People: The Pastor's Role in the Mission of the Church in the World.* New York: Division of Evangelism, ABHMS.

Mullins, Edgard Y. Traducido por Jaime C. Quarles. 1952. *Creencias bautistas.* Buenos Aires: Junta Bautista de Publicaciones.

Nelson, Eduardo G. 1996. *Que mi pueblo adore: Bases para la adoración cristiana.* El Paso, TX: Casa Bautista de Publicaciones.

Norlund, Roberto. 2002. *Ética ministerial & disciplina en la iglesia local.* http://www.ebi-online.net/L_EMyD.htm (fotocopia).

Odle, Joe T. 1972. *Why I Am A Baptist.* Nashville: Broadman Press.

Parajón, Arturo. Nov. 1999. «Fidelidad a las doctrinas características de los bautistas según el Nuevo Testamento», *XILOTL,* Revista Nicaragüense de Teología, Núm. 24, Año 12, UPOLI STB/CIEETS.

Payne, Ernest A. 1944. *The Fellowship of Believers: Baptist Thought and Practice Yesterday and Today.* London: The Kingsgate Press.

Pixley, Jorge, ed. 1988. *Hacia una fe evangélica latinoamericana: Una perspectiva bautista.* San José, Costa Rica: DEI.

———, ed. 1986. *La mujer en la construcción de la iglesia. Una perspectiva bautista desde América Latina y el Caribe.* Costa Rica: DEI.

Robinson, H. Wheeler. 1946. *The Life and Faith of the Baptists.* London: The Kingsgate Press.

Rolston, Holmes. 1959. *Stewardship in the New Testament Church: A Study in the Teachings of St. Paul Concerning Christian Stewardship.* Richmond, VA: John Knox Press.

Rosario Ramos, Tomás. 1969. *Los bautistas en Puerto Rico: Apuntes históricos.* Santo Domingo, RD: Editorial Librería Dominicana.

Rush, Myron. 1989. *Administración: Un enfoque bíblico.* Miami: Editorial UNILIT.

San Martin, Exequiel, comp. 1991. *Fundamento y práctica de fe y mensaje bautistas.* El Paso, TX: Casa Bautista de Publicaciones.

Scholer, David M. 1986. *Perspectives in Churchmanship: Essays in Honor of Robert G. Torbet.* Macon, GA: Mercer University Press.

Scott, Ernest. 1954. *The Ethical Teachings of Jesus.* New York: Macmillan.

Segler, Franklin M., rev. by Randal Bradley. 1996. *Understanding, Preparing for, and Practicing Christian Worship.* Nashville, TN: Broadman & Holmes Publishers.

Shurden, Walter B. 1993. *The Baptist Identity: Four Fragile Freedoms.* Macon, GA: Smyth & Helwys Publishing, Inc.

———, ed. 1993. *Proclaiming the Baptist Vision. The Priesthood of All Believers.* Georgia: Smyth & Helwys Publishing, Inc.

———, ed. 1994. *Proclaiming the Baptist Vision. The Bible.* Georgia: Smyth & Helwys Publishing, Inc.

———, ed. 1996. *Proclaiming the Baptist Vision. The Church.* Georgia: Smyth & Helwys Publishing, Inc.

———, ed. 1997. *Proclaiming the Baptist Vision. Religious Liberty.* Georgia: Smyth & Helwys Publishing, Inc.

Skoglund, John E., Hall, Nancy E. 1993. *A Manual of Worship. New edition.* Valley Forge: Judson Press.

Smith, James D. III. 1993. «Early glimpses…» en *Christian History,* Issue 37 (Vol. XII, No. 1). Carol Stream, IL: Christian History.

Snyder, C.A. 1999. *De semilla anabautista. El núcleo histórico de la identidad anabautista.* Ontario: Pandora Press.

Stacy, R. Wayne, ed. 1999. *Baptist Theology.* Georgia: Smyth & Helwys.

Stealy, Sydnor L., ed. 1958. *A Baptist Treasury.* New York: Thomas Y. Crowell Co.

Stewart, Charles W. 1974. *Person and Profession: Career Development in the Ministry.* Nashville: Abingdon Press.

Strang, Stephan E., ed. 1984. *Solving the Ministry's Toughest Problems.* Vol. I. Altamonte Springs, FL: Strang Communications.

Torbet, Robert G. 1950. *A History of the Baptists.* (Third Edition, revised 1955). Philadelphia: The Judson Press.

———. 1953. *The Baptist Ministry Then and Now.* Philadelphia: The Judson Press.

Trull, Joe E. & Carter, James E. 1997. *Ética ministerial: Sea un buen ministro en un mundo que no es tan bueno.* El Paso, TX: Casa Bautista de Publicaciones.

Tuck, William Powell. Foreword by Walter B. Shurden. 2005. *Our Baptist Tradition.* Macon. GA: Smyth & Helwys.

Tull, James E. 1972. *Shapers of Baptist Thought.* Valley Forge: Judson Press.

Tyler, John R. 2003. *Baptism: We've Got It Right...and Wrong.* Macon, GA: Smyth & Helwys.

Underhill, Evelyn. 1937. *Worship.* SL: Harper & Brothers Publishers.

Vedder, Henry C. 1907. *A Short History of the Baptists.* Valley Forge: Judson Press.

Waldrom, Samuel E. 1997. *Exposición de la confesión de fe bautista de 1689.* Rep. Dominicana: Evangelical Press.

Walker, J. Brent, ed. 2003. *The Trohpy of Baptists: Words to Celebrate Religious Liberty.* Macon, GA: Smyth & Helwys.

Wardin, Albert W. Jr. 2002. «Baptist Confessions: Use and Abuse», en *American Baptist Quarterly,* Vol. XXI, No. 4, December 2002, pp. 468-483.

Warlick, Harold C., Jr. 1982. *How To Be A Minister and A Human Being.* Valley Forge: Judson Press.

Wright, David E. 1993. «Wordsmiths of worship» en *Christian History,* Issue 37 (Vol. XII, No. 1). Carol Stream, IL: Christian History.

índice temático

Sobre el autor

El Rvdo. Ángel Luis Gutiérrez pastoreó las iglesias bautistas de Barranquitas, Cayey, Canóvanas, Caguas y Puerto Nuevo en Puerto Rico. Sus estudios universitarios los hizo en Bluffton College, en Ohio, y sus estudios teológicos en el Seminario Evangélico de Puerto Rico. Tomó seminarios especializados en historia y teología bautista en la Universidad de Oxford en Inglaterra. Además, hizo estudios de historia en el Centro de Estudios Avanzados de Puerto Rico y el Caribe; y de comunicación en la Escuela de Comunicación de la Universidad de Puerto Rico. El Seminario Evangélico de Puerto Rico le otorgó un Doctorado Honoris Causa. Es autor de los libros: *Mujer de Milagros*; *Evangélicos en Puerto Rico en la Época Española*; *Edificando el Pueblo de Dios: Historia de la Primera Iglesia Bautista de Caguas-1900-2000*; y *Deambulando*. Casado con la Rvda. Miriam Z. Rodríguez, tuvo un hijo y dos hijas, y fue el feliz abuelo de dos nietos y tres nietas.

Sobre los editores

La coeditora, Miriam Z. Gutiérrez, es ministra bautista ordenada en Puerto Rico y estuvo casada con el autor por 46 años. Es docente adjunta en el Seminario Evangélico de Puerto Rico, donde enseña cursos denominacionales, incluyendo historia, principios y prácticas en las iglesias bautistas. Ha servido en las Iglesias Bautistas de Puerto Rico y en las Iglesias Bautistas Americanas en distintas capacidades.

El coeditor, Juan Ángel Gutiérrez, heredó de su padre el amor por la historia bautista. Ha escrito varios artículos sobre la libertad de conciencia y otros principios bautistas y ha contribuido con el caso de estudio de este libro acerca de la separación entre iglesia y estado, un tema que recientemente tuvo que enfrentar el pueblo bautista en Puerto Rico.